Ich wohne bald im Zeitlosraum

SABINE RACHL

Ich wohne bald im Zeitlosraum

Mutgeschichten vom Sterben und vom Leben

Kinder und ihre Familien erzählen

Patmos Verlag

Dieses Buch widme ich
Ute und Peter Forsbach.

Nach all den Jahren der Trauer und Nichtanteilnahme ihrer Familien haben sie sich bereit erklärt, aufbrechende Wunden wieder zu spüren und mit mir über ihre Tochter Alexandra und deren Sterben zu sprechen, das in meiner Lebensgeschichte so bedeutsam war.
Für diesen Mut danke ich ihnen von Herzen.
Die Begegnung mit Alexandra hat mein Leben bereichert in einer Zeit, in der ich als junger Mensch mit meinen Fragen nach dem Sterben sehr allein war.
Das ist und bleibt ein großes Geschenk, solange ich lebe.

Ich bin ja nicht weg, Mama.
Ich wohn bloß bald im Zeitlosraum.
Da kannst du mich besuchen,
immer, wenn du willst, und ich dich auch.
Und wenn wir uns treffen,
reden wir nicht mehr,
wir haben ja keinen Mund mehr.
Wir wissen einfach so,
was wir uns sagen wollen.
Im Zeitlosraum kannst du immer überall sein,
wie wenn du Luft wärst.
Da ist es sehr schön.

Micha, 7 Jahre alt

Inhalt

Vorwort

Seit meiner Kindheit beschäftigt mich das Sterben. Wohin geht das Leben, wenn es hier zu Ende ist? Kann es wirklich „weg“ sein? Was ist Leben überhaupt? Warum hört die Liebe nicht auf, wenn der geliebte Mensch gestorben ist? Warum können manche Menschen ihre verstorbenen Angehörigen spüren und andere nicht? Warum gehen viele Kulturen auf dieser Welt so viel offener mit Tod und Sterben um, als wir das tun? Wie kann etwas ein Tabu sein, das jeden Einzelnen von uns betrifft?

20 Jahre meines Lebens bin ich mit Schulklassen im Religionsunterricht diesen Fragen nachgegangen. Ich bin der unerschütterlichen, offenen, keine Vorstellungsgrenzen kennenden Neugier der Kinderfragen begegnet, habe die vorsichtigeren oder radikaleren Fragehorizonte der Jugendlichen mit erkundet, die Überzeugungen der jungen Erwachsenen kennengelernt. Ich habe manche Schüler beim Sterben begleitet oder die Trauer nach dem Tod von Mitschülerinnen oder Lehrern mit den Kindern und Jugendlichen gemeinsam getragen, Abschiedsfeiern und Erinnerungsräume gestaltet, Wege in das für immer andere „Normal“ nach jedem Abschied neu erforscht.

Diese Zeiten waren die intensivsten meines Lehrerinnenseins, die anstrengendsten, aber auch die lebendigsten. Hier ging es nicht mehr darum, Inhalte zu vermitteln, sondern darum, das eigene und in jedem Menschen tief vorhandene Lebenswissen zu erkunden und zu stärken. In der Begegnung mit dem Tod geht es immer um das eigene Leben.

Später, nach dem Tod meines Mannes, habe ich meinen Beruf gewechselt. Ich wollte Menschen in der besonderen Phase des Sterbens oder wenn sie in ihrem Leben dem Tod von nahen Menschen begegnen, noch näher sein. Ich habe selbst erlebt, dass wir uns in diesen Zeiten intensiv kennenlernen und unserem eigenen Leben in anderer Weise als im Alltagsfluss auf die Spur kommen können. Es sind Zeiten, in denen wir uns verändern.

In den letzten fünf Jahren bin ich auf meinem Weg zur Musiktherapeutin in der Onkologie, auf Palliativstationen, manchmal auf der Intensivstation und besonders viel im Kinderhospiz unterschiedlichsten sterbenden Menschen begegnet. Mir ist bewusst geworden, wie anders als Erwachsene viele Kinder und Jugendliche mit dem Sterben umgehen. Gerade auch mit ihrem eigenen. Ich habe gelernt, wie tief das Sterben eines Familienmitglieds, besonders eines Kindes, die gewachsene Familienstruktur erschüttern und verändern kann. Dieses Sterben gegen einen imaginären, aber tief gefühlten „Generationenvertrag" bringt in unserer Kultur nicht nur heftigen Schmerz, sondern oft auch eine tiefe Verunsicherung mit sich. Jedes Familienmitglied, das zurückbleibt, ist in seiner Rolle und in seinem alltäglichen Dasein auf unterschiedliche Weise betroffen. Die Geschwisterkinder können ihre Eltern nicht ganz verstehen und werden von ihnen nicht ganz verstanden. Die Eltern können die Gefühle ihrer Kinder nicht ganz verstehen und werden von ihnen nicht ganz verstanden. Die Großeltern werden in ihrem Schmerz oft übersehen. Es ist schwer, sich gegenseitig zu trösten, wenn sich die Gefühle trotz des gleichen Verlusts kaum vergleichen lassen.

Das ist der Grund, warum die Geschichten dieses Buches verschiedene Perspektiven zeigen: die Perspektive von Kindern, die sterben, von Geschwistern, die ihren Bruder oder ihre Schwester verloren haben, von Eltern, die ein Kind verloren haben und einmal auch von Großeltern, deren Enkel gestorben ist. In einigen dieser Geschichten klingt auch an, wie Schulklassen mit dem Sterben eines Mitschülers umgehen. So können sich hoffentlich möglichst viele Leserinnen und Leser in den Geschichten wiederfinden und gleichzeitig die jeweils anderen Perspektiven besser verstehen.

Das Schreiben dieses Buches war auch eine Reise in mein eigenes Leben, angefangen bei einem Besuch der Familie einer Schulkameradin, die vor über 30 Jahren gestorben ist, bis hin zu Erlebnissen auf meinen Auslandsaufenthalten. Sie haben mir gezeigt, dass viele Menschen, zum Beispiel in Peru oder Sambia, ganz anders mit dem Sterben umgehen, als wir es hier tun. Weil es so viel zu erzählen gibt, das Buch aber nicht so dick werden soll, habe ich vor jede Geschichte ein Zitat mit Sterbevorstellungen von anderen Kindern, Jugendlichen oder Erwachsenen gesetzt. Diese Zitate habe ich im Laufe meines Lebens als Lehrerin und als Musiktherapeutin in verschiedenen Zusammenhängen gesammelt. So kommen noch mehr unterschiedliche Menschen zu Wort.

Jeder Mensch reagiert anders, wenn er oder sie dem Tod begegnet. Alle Reaktionen sind verständlich und berechtigt. Es gibt kein Richtig oder Falsch in solch extremen Situationen. Aber es gibt Geschichten, die mir selbst Mut machen. Alle Menschen, die ich hier porträtiere, sind besonders offen, ehrlich und deswegen mutig mit dem Erlebten umgegangen. Deshalb sind alle hier gesammelten Geschichten Mutgeschichten. Ich habe die Geschichten zwar geschrieben, aber die Menschen, die darin vorgestellt werden, haben sie erzählt. Es sind ihre Geschichten. Und weil es sehr unterschiedliche Menschen sind, hat jede Geschichte einen ganz eigenen Ton. Ein wenig so, als würde der erzählende Mensch mit dem Leser oder der Leserin sprechen. Und ein wenig haben alle natürlich auch meinen Ton …

Im Anhang dieses Buches weise ich noch ganz konkret auf Selbsthilfeorganisationen hin, die wirklich eine Bereicherung sind, weil hier auch Geschwister von Geschwistern, Mütter von Müttern, Väter von Vätern und Großeltern von Großeltern unterstützt werden.

Allen Leserinnen und Lesern, die dieses Buch zur Hand nehmen, weil sie sich gerade mit dem Sterben beschäftigen müssen oder möchten, wünsche ich von Herzen, dass die Begegnungen mit den hier versammelten Menschen sie auf die eine oder andere Weise bereichern und Mut-Spuren in ihrem Leben hinterlassen.

Kinder sterben anders

Geschichten von Neugier und Leichtigkeit, Schmerz und Vertrauen

Kinder spüren fast immer intuitiv und eher als Erwachsene, dass sich in ihrem Körper etwas so verändert hat, dass es endgültig nicht mehr wie früher sein wird. Sie begegnen dieser Erfahrung normalerweise nur dann ängstlich, wenn sie mit Schmerzen verbunden ist. Sobald die Schmerzen gestillt sind, nimmt die natürliche Neugier wieder überhand: Was genau passiert mit mir? Was passiert in meinem Körper? Was passiert, wenn man es nicht mehr heile machen kann? Sterbe ich dann? Was ist Sterben? Wo bin ich, wenn ich gestorben bin? Wie komme ich dahin, wo ich dann bin? Ich will jetzt spielen, kann ich ein Eis haben?

Aus der Entwicklungspsychologie wissen wir, dass *Kinder bis zum Alter von zwei Jahren* noch keine wirkliche Vorstellung von Krankheit oder Tod haben. Sie spüren, dass sich in ihrem Körper etwas verändert, und reagieren darauf durch verändertes Ess- oder Schlafverhalten und Unruhe. Im zweiten Lebensjahr baut sich das Verständnis von „belebt" und „unbelebt" auf – etwa in der Unterscheidung von Stofftieren und echten Tieren. Die Kinder beginnen, ihre Gefühle deutlicher auszudrücken. Sie haben aber noch kein Verständnis von Endlichkeit. Auch ihre Stofftiere sind lebendig, wenn auch auf andere Art als der Hund des Nachbarn, und der tote Vogel wird vielleicht in der Erde, in der man ihn begräbt, wieder gesund und fliegt dann heimlich davon.

Von zwei bis sechs Jahren verändert sich die Wahrnehmung grundlegend. Die Realität ist weiterhin eng mit der Fantasie verbunden und Kinder verstehen Tod und Sterben manchmal als Folge von etwas, was sie tun. In diesem Alter ist es besonders wichtig, genau hinzuhören und nachzufragen, welche Vorstellungen sie sich machen, wenn z. B. ein naher Mensch stirbt, damit sie nicht in ihren Interpretationen gefangen bleiben. Wenn sie selbst in diesem Alter lebensbedrohlich erkranken und spüren, dass nicht mehr alles wie früher wird, ist es manchmal gut, sie zu fragen, wie es ihnen geht, was sie über ihre Krankheit denken, wovor sie Angst haben. Wenn das für Eltern zu schwer ist, ist es gut, wenn ein Freund der Familie oder ein anderer Mensch, dem das Kind vertraut, es tut und auch auf Fragen des Kindes möglichst ehrlich und einfach antwortet. Das geht manchmal auch mit Gegenfragen, zum Beispiel so:

Joshi, 6 Jahre: „Muss ich vielleicht sterben?"

Sein Onkel: „Was denkst du denn?"

Joshi: „Ich weiß es nicht genau, aber ich denke, vielleicht schon."

Sein Onkel: „Ich glaube auch, dass es möglich ist."

Joshi: „Wie geht das eigentlich?"

Sein Onkel: „Was?"

Joshi: „Na, sterben ..."

Sein Onkel: „Vor dem Sterben schläft man meist schon ganz viel und irgendwann hört man einfach nicht mehr auf mit dem Schlafen. Dann hört man im Schlaf auf zu atmen."

Joshi: „Tut das weh?"

Sein Onkel: „Nein, du merkst es gar nicht richtig, weil du ja schläfst."

Joshi: „Wenn ich tot bin, kann Tina meine Playstation haben, dann freut sie sich."

Sein Onkel: „Das sagst du ihr besser selbst."

Joshi: „Kann ich jetzt fernsehen?"

Kinder in diesem Alter machen sich noch keine ausführlichen Gedanken über ihre Zukunft. Sie leben vorwiegend im Jetzt oder zählen höchstens die Tage bis zum nächsten Geburtstag. Den Zukunftsverlust, der uns Erwachsenen so zu schaffen macht, fühlen sie nicht von selbst. Sie werden traurig, wenn sie unsere Traurigkeit spüren, und ängstlich, wenn sie unsere Angst spüren. Das bedeutet nicht, dass wir nicht ängstlich oder traurig sein dürfen, sondern nur, dass wir, wenn wir selbst nicht über das Sterben sprechen können, für andere Gesprächspartner sorgen sollten.

Begleitend können wir Kinderbücher vorlesen, in denen es um Verwandlungen geht, z. B. von der Raupe in den Schmetterling etc., und, wenn die Kinder direkt fragen, auch Kinderbücher zum Sterben. Manchmal kann das ein guter Gesprächsanlass sein.

Zwischen sieben und zwölf Jahren differenziert sich das Zeitempfinden der Kinder und so wächst auch das Bewusstsein für die Endlichkeit und Endgültigkeit. Sie begreifen durch erfahrene Verluste (z. B. Haustiere oder sogar der Tod der Großeltern oder andere Todesfälle), dass etwas Lebendiges wirklich nicht mehr auf dieser Erde leben kann und nicht mehr wiederkommt. Oft haben sie aber in diesem Alter ein tiefes Vertrauen in das Leben, ein sehr stabiles Selbstkonzept und noch eine intuitive Offenheit für Welten, die es vielleicht auch gibt, die wir uns nur nicht richtig vorstellen können. Sie fragen oft sehr ernsthaft nach dem, was sich Erwachsene nach dem Sterben vorstellen, und sammeln unterschiedliche Antworten. Nach und nach entscheiden sie sich dann für die Vorstellung, die ihrem Empfinden am nächsten kommt und der sie am meisten vertrauen können. Manche Kinder haben auch ganz eigene Vorstellungen, die sie malen oder erzählen, ohne dass sie vorher gefragt haben. Viele Kinder sprechen gerne über ihre Vorstellungen vom Leben nach dem Tod und meist mischen sich Ideen hinein, wie sie mit den Menschen, die ihnen nahe sind, auf der Erde in Kontakt bleiben können. Sie teilen ihren Angehörigen manchmal mit, wie diese dann spüren können, dass sie da sind, und sind sich ihrer Sache sehr sicher. Wenn es den Angehörigen möglich ist, tut es dem ganzen Sterbeverlauf gut, diese Vorstellungen einfach stehen zu lassen und vielleicht gemeinsam auszuschmücken. Niemand von uns weiß ja die endgültige Antwort auf die elementare Frage nach dem „Danach", aber es kann sehr guttun, sich gemeinsam mögliche Antworten auszudenken. Kinder und Jugendliche aus anderen Kulturen wachsen manchmal durch Erzählungen und Riten selbstverständlich in den Kontakt mit ihrer Ahnenwelt hinein und „wissen" so für sich selbst klarer, woher sie kommen und wohin sie gehen werden. Geschichten aus Peru und Sambia berichten davon.

Die Todesvorstellungen *Jugendlicher* unterscheiden sich kaum noch von denen Erwachsener. Ihr Konzept von Endlichkeit ist klar und der Verlust von Zukunft greifbar und spürbar. Wenn Jugendliche sterben, stehen sie außerdem vor einem Dilemma: Genau in der Zeit, in der sie eigentlich eine eigene Identität ausbilden und sich von ihren Eltern distanzieren, werden diese oft zu ihren engsten Vertrauten, die sie körperlich sehr intim pflegen, ihnen z. B. Windeln anlegen etc. Das ist für beide Seiten schwer, weil es den Bedürfnissen widerspricht. Manchmal ist es gut, sich das zu sagen und z. B. öfter andere Pflegekräfte hinzuzuziehen. Auch ist es, wenn möglich, sehr wichtig, den Freundeskreis der Jugendlichen so nah wie möglich heranzulassen und den Freunden immer wieder zu zeigen, dass sie nicht stören, sondern willkommen sind. Denn meist sprechen die Jugendlichen am liebsten mit ihren Freunden über ihre Gefühle und das, was ihnen geschieht, und eben nicht mit den eigenen Eltern. Viele Jugendliche, die sich schon seit längerer Zeit mit dem Sterben beschäftigen, können ihre in der Kindheit entwickelten Vorstellungen und Gefühle, was ein Weiterleben nach dem Tod angeht, mit in die Jugendzeit nehmen. Auch Familienmitglieder, die schon vor den Jugendlichen gestorben sind, können Sicherheit geben.

Als institutionelle Pflegekraft, Ärztin oder Arzt ist es wichtig, den kulturellen Hintergrund einer Familie zu kennen. Sind sie religiös verortet? Bedeutet ihnen ihre Religion etwas? Außerdem ist es gut, die Familie zu fragen, wie offen sie mit dem Kind übers Sterben sprechen und welche Vorstellungen das Kind bislang entwickelt hat. Das ermöglicht es, sich gegenseitig zu unterstützen.

Sterbende Kinder und Jugendliche sind oft auf ihre Art „frühreif". Sie durchlaufen in kurzer Zeit Entwicklungen, für die viele Erwachsene ein ganzes Leben Zeit haben. Deshalb kommen uns manche ihrer Äußerungen vielleicht altklug vor. Das sind sie aber meist nicht. Sie sind einfach nur klug verbunden mit einer Art von Lebensweisheit, die wir sonst mit Altersweisheit assoziieren. Sterbende Kinder können das Leben oft so sehen, wie es jetzt gerade ist, losgelöst vom Wollen und Sehnen nach planbarer Zukunft, von Machtgerangel und Äußerlichkeiten, nackt und auf die wesentlichen Werte reduziert. Das macht den Umgang mit ihnen besonders und die gemeinsam erlebte Zeit oft zum Geschenk.

Der Mut für ein offenes Gespräch lohnt sich immer. Und manchmal werden dadurch Entwicklungen in Gang gesetzt, die wir Erwachsenen uns nicht träumen lassen würden. Viele der folgenden Geschichten erzählen davon.

Also ich glaube ja, dass Energie nicht so einfach verschwinden kann. Das hatten wir vor einiger Zeit auch in Physik. Die kann sich nur verwandeln, verschwinden kann die nicht. Du kannst dich also praktisch auflösen, wenn du stirbst, und deine Energie materialisiert sich irgendwo und irgendwie auf eine Art, von der du jetzt noch gar keine Ahnung hast. Und das Wort ‚materialisiert' stimmt auch nicht, weil Energie ja nicht unbedingt Materie ist. – Woher kommen denn unsere Vorstellungen von Zeitreisen oder vom Beamen, die Vorstellungen, die du in so vielen Filmen siehst? Vielleicht sind das ja nicht einfach nur Wünsche und Träume, vielleicht ist das ja eine Art Wissen, ein Urwissen, das wir einfach auf diese Weise, ich meine in Form von Wunsch- und Filmbildern, in unsere Welt zu transportieren versuchen. Ich hab jedenfalls keine Angst vor der Auflösung. Mir ist ein bisschen mulmig, das ja, aber Angst habe ich nicht. Ich bin gespannt auf meine neue Form und darauf, ob es dann überhaupt noch eine Art ‚Ich' gibt, die sie fühlen kann. Vielleicht sind dann einfach Funken von mir in vielem. Das fände ich auch schön.

Junge, 14 Jahre alt

Ich bin dann einfach überall

Alexandra, gestorben mit 15 Jahren an Mukoviszidose

Alexandras Geschichte erzähle ich als erste. Ich erzähle sie, weil die Begegnung mit Alexandra ein Geschenk für mich war – zu einer Zeit, in der ich zwar schon viel mit dem Tod zu tun hatte, aber niemanden kannte, den ich hätte fragen können, wie es sich anfühlt zu sterben. Mit Alexandra verwandelten sich mein unbestimmtes Wissen und meine Neugier dem Tod und dem Sterben gegenüber in etwas, worüber ich sprechen konnte.

Das war damals sehr wichtig für mich und noch heute erzähle ich manchen Kindern und Jugendlichen, mit denen ich arbeite, von unseren beiden kurzen, aber tiefen Gesprächen. Alexandra hat mir als Kind den Mut geschenkt, meinem eigenen Gefühl zu trauen. Dem Gefühl, dass Kinder alles über den Tod erfahren dürfen, was sie wissen möchten. Das gilt für Situationen, in denen andere sterben, und erst recht, wenn sie selbst sterben. Kinder merken sehr genau, wie viel sie sich zumuten können. Als Erwachsene sollten wir den Mut und die Neugier unserer Kinder nicht unterschätzen. Auch und gerade nicht bei einem Thema, vor dem wir selbst oft Angst haben.

Kennengelernt habe ich Alexandra im siebten Schuljahr auf einem Wandertag, den meine Klasse gemeinsam mit ihrer Klasse machte. Ich weiß nicht mehr, wohin wir gewandert sind, nur noch, dass ich in der Nähe meiner Lehrerin ging, die sich mit einem kleinen, schmalen Mädchen aus der Parallelklasse unterhielt. Auf dem Schulhof war sie mir schon öfter aufgefallen, weil sie sehr zart war und nicht so wild spielte wie wir anderen, sondern meist mit ihrer Freundin um die Wiese wanderte oder irgendwo saß. Außerdem hatte ich gehört, dass sie irgendwie krank sei, ohne Genaueres zu wissen.

Ich interessierte mich damals für alle Arten von Krankheiten, weil mein Onkel gerade gestorben war und davor mein Großonkel, weil mein Opa krank war und ich mich fragte, ob er auch sterben würde. Aber ich konnte zu diesen Ereignissen niemanden befragen, der mir antworten wollte.

Ein paar Jahre zuvor hatte mich meine Oma zu einer gerade verstorbenen Frau mitgenommen. Sie lag in ihrem Bett, ringsherum leuchteten Kerzen. Viele Menschen waren dort, alle weinten und erzählten und einmal haben wir gesungen. Da ich sie nicht kannte, war ich nicht traurig. Ich konnte mir die Tote in Ruhe anschauen, auch weil niemand wirklich auf mich achtgab. Ich bin um ihr Bett herumgewandert und habe alles genau betrachtet, sie anzufassen habe ich mich jedoch nicht getraut. Noch lange danach habe ich mich gefragt, wie sie sich wohl angefühlt hätte. Sie hatte die Augen geschlossen und um ihren Mund lag ein leichtes, etwas schiefes Lächeln. Die Lippen waren ein ganz klein wenig bläulich. Sie trug keinen Lippenstift. Sie hatte viele Falten und Flecken im Gesicht, aber beides hatte meine Oma auch. Die tote Frau hatte viel mehr Flecken als meine Oma. Daraus schloss ich, dass sie älter sein musste. In ihren auf der Bettdecke gefalteten Händen steckte eine Art Kette, von der ich heute weiß, dass es ein Rosenkranz war, und die ich damals einfach nur schön fand. Alles sah sehr friedlich aus und hatte überhaupt keine Ähnlichkeit mit den toten Vögeln oder zerquetschten Katzen, die ich oft aufgesammelt und nach Hause getragen hatte und von denen meine Eltern sagten, dass sie tot seien. Deshalb hatte ich bis dahin gedacht, dass der Tod etwas Erschreckendes sei. Hier aber spürte ich, dass es in Ordnung war, dass die Frau jetzt tot war, auch wenn alle weinten. Während des Weinens aßen sie Kuchen und tranken Kaffee. Auch das ließ mich spüren, dass diese Art, tot zu sein, richtig war.

Nach diesem Erlebnis verstand ich nicht, warum ich nicht mit zum Friedhof durfte, als mein Großonkel starb. Auch bei der Beerdigung meines Onkels durfte ich nicht dabei sein, obwohl ich ihn sehr mochte. Über seinen Tod waren wir alle erschrocken und ich glaube, dass ich deshalb nicht mitdurfte. Ich wäre gern mitgegangen und ich hätte ihn auch gern als Toten gesehen, weil ich mir nicht vorstellen konnte, dass er so einfach weg war.

All diese Geschehnisse bewegten mich, ohne dass es eine Möglichkeit gegeben hätte, darüber zu sprechen.

Und jetzt, auf diesem Wandertag, lauschte ich mit halbem Ohr der Unterhaltung, die meine Lehrerin mit diesem Mädchen führte und in der es ums Kranksein und Leben und auch ums Sterben ging. Als ich genauer hinhörte, fragte meine Lehrerin sie gerade, ob sie denn Angst habe vor dem Sterben. Sie verneinte: „Ich bin mir sicher, dass es irgendwie weitergehen wird." Und dann sprachen beide darüber, wie sie sich ein Leben nach dem Tod vorstellten. Ich fand dieses Gespräch sehr privat und lief erst einmal zu den anderen und habe sie an diesem Wandertag nicht weiter beachtet. Aber in mir war eine ganze Menge los. Da war ein Mädchen, das fast genauso alt war wie ich, das krank war und sich Gedanken darüber machte, wie es wohl sein wird, selbst zu sterben. Und ihre Stimme hatte sich ganz ehrlich angehört, als sie sagte, dass sie keine Angst davor habe. Sie klang nicht erschrocken. Das erinnerte mich an die alte Frau auf ihrem Bett und an den Raum voller Kerzen.

Nach diesem Ereignis brauchte ich noch einige Zeit, bis ich mich traute, Alexandra auf dem Schulhof anzusprechen.

Als sie eines Tages allein auf einer Mauer saß, stellte ich mich vor und wir sprachen erst ein paar Worte über das Ballspiel, das auf dem Schulhof lief, und über die anstehenden Klassenarbeiten. Dann nahm ich meinen Mut zusammen und sagte, dass ich auf dem Wandertag einen Teil ihres Gesprächs mit meiner Lehrerin mitgehört hätte. Ich fragte sie, ob ich das richtig verstanden hätte, dass sie vielleicht sterben müsse. Sie schien die Frage ganz normal zu finden und bejahte sie. Sie habe eine Krankheit, mit der viele schon als Jugendliche sterben müssten. Deshalb sei sie häufig im Krankenhaus und wahrscheinlich werde sie nicht so lange leben wie wir anderen. Wir saßen eine Zeit lang schweigend. Irgendwann fragte ich sie, was das für ein Gefühl sei, zu wissen, dass man nicht so lange leben wird. Sie überlegte und sagte dann, dass sie das gar nicht so genau sagen könne, weil sie es ja nicht anders kenne. Sie sei da so hineingewachsen und würde sich langsam immer besser mit ihrer Krankheit auskennen. Und sie versuche, ihre Kraft darauf zu konzentrieren, jeden Tag zu leben und nicht so viel an später zu denken. Sie sagte, dass ihr das eigentlich ganz gut gelinge und dass sie einfach auch gern lebe. Als es zum Ende der Pause klingelte, sagte sie: „Komm ruhig wieder, wenn du noch etwas wissen möchtest!"

Wir sind uns eine ganze Weile nicht mehr begegnet. Ich musste das Gehörte erst einmal verdauen. Gegen Ende des Schuljahres spazierte Alexandra mal wieder allein um unsere Schulwiese und ich gesellte mich noch einmal zu ihr. „Na, noch Fragen?", grinste sie und ich nickte. Ich fragte sie, ob sie immer noch keine Angst vor dem Sterben habe. Sie dachte nach und meinte dann, dass sie vielleicht Angst davor habe, wie genau das Sterben sein würde. Sie würde zum Beispiel sehr gern zu Hause sterben und nicht im Krankenhaus, aber sie wisse nicht, ob das klappen würde. Das würde ja auch davon abhängen, was in diesem Augenblick dann möglich sei. – Obwohl ich diese Antwort damals nicht ganz verstand, weil ich mir nicht vorstellen konnte, wie ihr Alltag aussah, fragte ich nicht nach. „Vor dem Tod selbst hab ich keine Angst, denn ich glaube einfach nicht, dass dann alles Leben vorbei ist." Sie habe eher die Vorstellung, dass sie dann überall gleichzeitig sein könnte, einfach überall, auch hier auf der Erde. Die anderen würden es vielleicht nicht merken, aber sie wäre dann da und gleichzeitig auch in all den anderen Welten, die es vielleicht irgendwo und irgendwie gebe. „Ich glaub, ich bin dann einfach überall", sagte sie. Dann fragte sie, wie ich mir denn das Leben nach dem Tod vorstelle oder ob ich's mir vorstellen könnte. Und ich sagte, dass ich mir auch nicht vorstellen könne, einfach aufzuhören zu sein. Ich erzählte ihr, dass ich meinen plötzlich verstorbenen Onkel manchmal spüren könne. Ich hatte damals deutlich das Gefühl, dass er irgendwie noch da war und uns von dort aus auch auf eine Art lieb hatte. Näher beschreiben konnte ich es aber nicht, es war einfach nur so ein Gefühl. Sie nickte und meinte, vielleicht wäre sie ja später für uns auch einfach nur so ein Gefühl und weil wir jetzt darüber gesprochen hätten, wüsste ich dann, dass es ein wirkliches Gefühl sei. Wir lächelten beide und schwiegen wieder. „Ganz schön schwer das Leben, oder?", fragte ich. Sie nickte. „Ja – und ganz schön schön, oder?" Ich nickte und diesmal mussten wir beide wirklich lachen. Es klingelte schon wieder, die Pause war zu Ende und ich sagte ihr, dass ich mir wünschte, dass sie noch lange bei uns sei. Sie nickte und dann verloren wir uns wieder aus den Augen.

Im folgenden Jahr hörte ich von wechselnden Aufs und Abs und notierte innerlich, wenn sie manchmal eine Zeit lang nicht zur Schule kam.

Im ersten Halbjahr des neunten Schuljahres ist sie gestorben. Sie ist zu Hause gestorben. Sie hatte ihre eigene Beerdigung vorher genau geplant. Auch die Lieder, die gesungen werden sollten, und so. Ihrer Freundin hatte sie die Stereoanlage hinterlassen und noch einige andere Dinge. Ich fragte in der Schule, ob ich mit zur Beerdigung dürfe, aber es durfte nur ihre Klasse hin. Das fand ich in Ordnung, ich war ja nicht wirklich ihre Freundin, wir waren uns nur irgendwie begegnet.

Am Nachmittag der Beerdigung bin ich auf meinen Lieblingsbaum, eine riesige alte Linde, geklettert und habe an Alexandra gedacht und mit ihr gesprochen. Dabei ist mir ein kleines Gedicht eingefallen, das ich nicht mehr vergessen habe, genau wie ich Alexandra nicht vergessen werde, solange ich lebe.

Alexandra überall

Sterne in der Weltraumhaut
Alexandra Sternenstaub
Monde in der Erdenbahn
Alexandra hintendran

Unentdeckte Lebensarten
Alexandras neuer Garten
Weicher warmer Sonnenschein
Alexandras neues Heim

Unsre Herzen und Gedanken,
fühlst du sie jetzt ohne Schranken?
Fühlen wir dich ohne Schranken?
Wohnst du jetzt in Welt und All?

Alexandra überall

Es ist etwas Wunderbares und zugleich etwas sehr Schweres, das Sterben. Obwohl mir so vieles wehtut, möchte ein großer Teil von mir hierbleiben, vielleicht der größte, weil ich es hier einfach kenne. Ich kenne euch und ich kenne diese Welt und ich bin so gerne bei euch und hier. Aber ich bin nicht mehr gerne so krank und ich hab nicht mehr gerne solche Schmerzen. Und ich will auch nicht immer Medikamente nehmen, davon werde ich so müde, meine Haut ist spröde, alles ist porös, ich löse mich irgendwie auf. Ich mag auch mein Spiegelbild nicht mehr, das bin gar nicht mehr wirklich ich. Ich lebe ja gar kein richtiges Leben mehr. Alles dreht sich nur noch um die Therapien und die Medizin und das Kranksein. Ihr dreht euch um mich und gar nicht mehr um euch selbst und auch nicht mehr um den Rest der Familie. Das ist irgendwie falsch so. Ich fühle, dass da etwas in mir ist, was gehen will und was weiß, dass es o.k. ist zu gehen. O.k. für uns alle, einfach, weil wir Menschen sind. Wir alle können dann wieder leben. Ich fühle, dass ein Teil in mir uralt ist und dass dieser uralte Teil weiß, dass ich sterben werde, und auch weiß, wie das geht. Langsam, ganz langsam zieht er mich in sich hinein. Wir alle können doch nicht mehr – das war so anstrengend, so lange so anstrengend. Ich möchte, dass es wieder leicht ist, und ich habe so ein Gefühl in mir, das mir die Sicherheit gibt und mir den Weg zeigt, wie ich sterben kann.

Ich weiß, dass ich sein werde. Immer. Irgendwie. Ich habe keine Ahnung wie. Aber ich werde sein. Ein uralter Teil in mir weiß das und ich vertraue diesem Wissen. Ich werde es ausatmen, das Leben, und ihr werdet aufatmen und wieder Luft bekommen und endlich wieder frei sein. Und das ist gut so. Bitte glaubt mir. Ich weiß, dass es gut so ist. Wirklich gut.
Und wenn ihr das Schwere genug beweint habt, bitte, dann nehmt das Leben auch wieder leicht.

Mädchen, 15 Jahre

Das Schwein springt ganz allein

Lucián, gestorben mit 12 Jahren an einem inoperablen Hirntumor

Lucián begegnete mir, als ich im zweiten Jahr Schulleiterin meiner internationalen und interreligiösen Friedensschule war. Wir hatten uns bei der Schulgründung so viele „Inter-" auf die Fahnen geschrieben, dass wir uns alle einig waren, dass die Inklusion erst im nächsten Schritt folgen würde – bis Lucián vor der Tür stand. Nach einer Schulodyssee war der intelligente, aber durch seinen Hirntumor mit starken Spastiken und anderen Einschränkungen belastete Junge auf einer Schule für körperbehinderte Kinder gelandet und unglücklich dort. Bei Lucián wurde im Alter von zwei Jahren ein inoperabler Hirntumor diagnostiziert und die Ärzte hatten ihm damals höchstens noch zwei weitere Lebensjahre prognostiziert. Der Tumor wuchs seitdem weiter und Lucián lernte, mit viel Unterstützung von seinen getrennt lebenden, aber ihm ganz zugewandten Eltern und von seinen Großeltern mütterlicherseits, mit den immer spürbarer werdenden Einschränkungen umzugehen. Zu diesen Einschränkungen gehörte auch die immer präsente Endlichkeit seines Lebens, über die in der Familie offen gesprochen wurde. Als seine Mutter ihn anmeldete, war nicht klar, wie lange der Elfjährige noch leben würde, aber es war sein Ziel, das vierte Schuljahr zu wiederholen und danach das Gymnasium zu besuchen. Das wollte er auf jeden Fall noch schaffen.

Unsere erste Begegnung war bemerkenswert: Der für sein Alter kleine Junge, der sich mithilfe eines Rädchens noch selbst fortbewegen konnte, aber schon starke Sprachschwierigkeiten hatte – er sprach langsam und leise –, erklärte mir in Ruhe, weshalb er auf unsere Schule wolle. In seiner bisherigen Schule fühlte er sich nicht ernst genommen in allem, was er wusste und konnte. Auch wenn er vielleicht nicht mehr lange leben würde, habe er dennoch das Recht, alles zu lernen, was er wolle, und zu zeigen, was er könne! Darin waren wir uns einig. Ich machte mir aber Sorgen, dass er als einziges körperlich stark eingeschränktes Kind in unserer Schule zunächst mit Hänseleien und Härten würde umgehen müssen, die er aus seiner Schule nicht gewöhnt sei. – Seine Antwort darauf war: „Die werden schon merken, dass ich mehr bin als mein Körper." Das haben wir alle gemerkt.

Lucián lebte sich schnell ein. Wir gaben ihm Raum, mit seiner Klasse sehr offen über seine Einschränkungen zu sprechen, und die Kinder konnten alles, was sie erschreckte und was ihnen fremd war, jederzeit fragen. Auch seine Mutter kam in die Schule, um mit ihm gemeinsam seine Krankheit zu erklären. Sie brachte Bilder mit von dem kleinen gesunden Jungen, der sich im Lauf der Jahre äußerlich immer stärker verändert hatte und nun schielte, nicht mehr richtig sprechen und schlucken, seine Gliedmaßen nicht mehr gezielt bewegen konnte und vieles mehr. Durch diesen offenen Umgang mit seiner Krankheit konnten die Kinder Lucián viel besser verstehen und in ihre Gemeinschaft integrieren. Alle gingen unvoreingenommen und behutsam mit ihm um und gewöhnten sich rasch an die neue Situation. Lucián ging gern zur Schule und gewann schnell einen Freund, mit dem er sich besonders verstand. Aber auch die anderen respektierten und mochten ihn.

In den Weihnachtsferien bekam Lucián eine Lungenentzündung, an der er fast sofort gestorben wäre. Bislang hatte er jeden Infekt und auch schon eine Lungenentzündung überlebt. Aber nun wurde schnell deutlich, dass seine letzte Lebensphase wirklich begonnen hatte. Seine Mutter erzählte später, dass sie ihn gefragt habe: „Was ist los? Gibst du auf? Denkst du, du stirbst jetzt?“ Und er sagte ja, er glaube, dass er jetzt sterbe. Ab diesem Moment wollte er nicht mehr viel Besuch haben und entfernte sich innerlich immer weiter von seinem alltäglichen Leben. Seine Eltern, die Tante und die Großeltern wechselten sich im Krankenhaus ab und spürten nun auch stark das körperliche Sterben. Es ging ihm nicht gut. Seine Mutter sagte später: „Sein Körper war wie der Damm, der nun bricht, und das Meer erobert sich sein Land. Wie eine Naturgewalt. Und in der Mitte davon Gold, Ruhe und deutlich zu spüren das nichtkörperliche Wesen von Lucián.“

Sein Humor war unschlagbar und für einen guten Witz, vor allem übers Sterben, war er immer zu haben. So z. B. der Witz von den drei Freunden, die immer nur lachten, bis der eine eines Tages verstarb. Er hatte dafür gesorgt, dass Feuerwerkskörper in seinem Sterbegewand versteckt waren. Als die Verbrennungszeremonie losging, gab es ein gewaltiges Knallen und ein ordentliches Feuerwerk. Seine Freunde lachten und lachten, bald lachten alle Leute, es ging einfach nicht anders. Lucián liebte diese und ähnliche Geschichten.

Seine Lehrerin und ich besuchten ihn im Krankenhaus, die ganze Klasse schrieb Briefe und malte und Lucián antwortete mündlich mit Grüßen. Außerdem brachten wir ihm seine Gymnasialempfehlung, die er grinsend zur Kenntnis nahm: „Das hab ich doch eh gewusst.“ Aber innerlich war er schon weit von uns allen entfernt, hatte sich schon auf den Weg gemacht.

Lucián und seine Mutter unterhalten sich kurz vor seinem Tod:

„Lucián, als du geboren wurdest, das Erste, was du tun musstest, als du abgenabelt warst, war einatmen, oder?"

„Ja", seine Augen funkeln.

„Und das Letzte, was du tun wirst in diesem Leben, ist?"

„Ausatmen!"

„Also, du wirst geboren und du stirbst, du wirst geboren und du stirbst und das in jedem Moment."

Das gefiel ihm.

Sie brachte ihm Postkarten und Bilder mit, von denen sie dachte, dass er sie mögen könnte. „Die nicht?" Nö. „Die nicht, diese?" Kaum Reaktion. „Diese hier?" O ja, seine Miene erhellte sich. Eine Pinguinmama und ein Pinguinpapa und davor das Pinguinkind, angekuschelt an seine Eltern. „Und diese hier?" Ein Schweinchen springt, sich weit ausstreckend, über das Schilf in einen Teich. Auf der Karte steht: Das Schwein springt ganz allein. Ein Grinsen, im Raum wird es hell und klar. Seine Augen fragen: „Darf das Schweinchen springen, Mama?" – Darf es? Die Mutter spürt einen Stich im Herzen, ihr wird warm und kalt! Ein Teil von ihr will ihn behalten, will ihn riechen, fühlen, anfassen, berühren, seine Haare streicheln, ihn betrachten. „Mein Kind, mein Sohn. Bitte noch ein bisschen" ... und doch: Sie wünscht ihm das für ihn Beste. Er soll seinen Weg gehen, genauso wie er ist, und ihr Dazutun ist das Loslassen von ganzem Herzen. Sie sagt: „Ja, das Schweinchen darf springen!"

Ihr Vater hat sie an diesem Abend abgelöst, sie ist erschöpft, geht nach Hause, kann die ganze Nacht nicht schlafen, ist wütend und zornig, hat auf ihr Kissen eingeprügelt und geweint. Gegen Morgen dann der Anruf aus der Klinik. Sie fährt hin. Später schreibt sie darüber: „Im Korridor kommen mir vier Frauen entgegen, zwei Schwestern, zwei Ärztinnen. Sie sehen wunderschön und berührt aus. Genau vor zwei Minuten hat Lucián zum letzten Mal ausgeatmet. Als sie merkten, der Körper ist in seinen letzten Zügen, hatten sie ihn in ein Zimmer geschoben, wo er allein sein konnte. Sie standen um ihn herum, er schaute aus seinen Augen in ihre Augen, er atmete ein und wieder aus. Schloss die Augen und atmete nie mehr ein. Sie gingen aus der Tür, alles war so friedlich und da war ich, seine Mama, im Flur, zwei Minuten später. Ich hatte nun zwei wertvolle Stunden allein mit meinem Sohn. Er füllte den Raum aus. Die Sonne ging gerade auf, leuchtete golden durchs Fenster, eiskalt und stahlblau der Himmel. Im Körper war er nicht mehr. An manchen Stellen war der Körper noch warm und kühlte erst langsam aus. An der Stelle, wo die Wunde vom Luftröhrenschnitt zuvor noch entzündet gewesen war, war jede Rötung verschwunden. – Er hatte es geschafft. Ich gratulierte ihm, nicht zum bestandenen Abitur, zum Führerschein, zur ersten Liebe … Er hatte es geschafft, aus dem Leben zu gehen, wo er mein Sohn war. Zwölfeinhalb Jahre, eine Kindheit lang. Und wie, so sanft und klar und so viel Liebe. Ich bin stolz auf dich. So stolz!“

Bei seiner Abschiedsfeier lag Lucián offen und in Alltagskleidung in seinem Sarg in einem schönen Raum. Nach unzähligen Gesprächen und Telefonaten war es gelungen, die Eltern der Mitschüler davon zu überzeugen, dass 20 von 21 Klassenkameradinnen und -kameraden dabei sein durften. Viele dieser Eltern hatten selbst noch nie einen Toten gesehen und wollten ihren Kindern und sich den nahen Anblick eines verstorbenen Menschen ersparen. Da aber ihre Kinder wirklich dabei sein wollten, erkannten sie, dass sie vor allem sich selbst schützen würden, wenn sie ihrem Kind nicht erlaubten, hinzugehen. Die Kinder sind schließlich in Begleitung von mindestens einem Elternteil dabei gewesen.

Alle Kinder, die das wollten, durften Lucián berühren. Ein Kind sagte laut: „Fühlt sich kühl und irgendwie fest an. Jetzt weiß ich, was du gemeint hast, wenn du immer gesagt hast, dass du mehr bist als dein Körper! Du bist ja hier, das merk ich, aber das hier bist du nicht mehr."

In der Schule hatten wir uns gemeinsam den Text für eine letzte Klassenrunde (So nennen wir es, wenn die Kinder im Kreis sitzen und erzählen, was sie beschäftigt) ausgedacht und auch zu sprechen geübt. Jetzt setzten sich die Kinder wie selbstverständlich im Kreis um den Sarg. Alle anderen Gäste der Abschiedsfeier setzten sich um uns herum, erst alle Kinder, dann alle Erwachsenen. Es war berührend und schön, wie ernsthaft und offen die Kinder ihre Abschieds-Danksätze vortrugen und schließlich ein gemeinsam ausgedachtes Lied über Lucián sangen:

Wir wollten ein Trauerlied schreiben,
doch ein Trauerlied fällt uns nicht ein.
Denn du wirst ein Teil von uns bleiben,
du lässt uns jetzt nie mehr allein.
Wir nehmen dich mit aufs Gymnasium,
denn du bist viel klüger als wir.
Bist Forscher, Entdecker und Bücherwurm,
wir wünschten, du wärest noch hier.

Du wohnst jetzt in unsren Gedanken
und fühlst unser Fühlen mit dir.
Dein Geist ist jetzt frei, ohne Schranken,
mit Fragen zurück bleiben wir:
Sag, hat deine Seele Flügel? Bist du nun ganz frei?
Kannst du laufen, hüpfen, lachen, fliegen auch dabei?
Wie fühlt sich das Leben an,
wenn du den Tod durchlebst?

Bist du weiter, neuer, älter? Ist's, als ob du schwebst?

Kannst du uns hier unten jetzt sehen?
Ist Oben und Unten noch da?
Kannst du unsre Trauer verstehen?
Bist du uns auch wirklich noch nah?
Danke für dein Fragenstellen, für deine Energie.
Danke für dein Nerven und für deine Fantasie.
Danke für dein Wissen von den Weisen dieser Welt,
es hat dir die Kraft für deinen Tod herbeierzählt.

Wir möchten dir heut Danke sagen
und hoffen, dass du das auch spürst.
Wir können deinen Tod nur ertragen,
wenn du uns noch manchmal berührst.
Du bist für uns Wissensbruder, Kumpel, unser Freund.
Als wir von dir Abschied nahmen,
haben wir sehr geweint.
Trotzdem fühlen wir dich weg und auch gleichzeitig hier.
Unser Herz schlägt für dich weiter und erzählt von dir.

Geh jetzt mit den Vögeln fliegen, tanze mit dem Wind
und erfahre Wahrheiten, die uns Geheimnis sind.
Fühle nun Gefühle aus jahrtausendalter Zeit.
Du kannst jetzt viel weiter sehn als menschenaugenweit.

Wir wollten ein Trauerlied schreiben,
doch ein Trauerlied fällt uns nicht ein.
Denn du wirst ein Teil von uns bleiben,
du lässt uns jetzt nie mehr allein.

Lucians Mutter erzählte mir von einem Ritual, das Lucián und sie manchmal machten, wenn sie traurig wurden. Sie stellten sich gemeinsam vor, wie es ihm nach dem Tod gehen werde, dass er alles können würde, was er wolle, zum Beispiel wieder laufen oder fliegen, je nachdem, wo er dann sei, wie er dann alles sehen könne, was überall passiert, wie er dann einfach endlich ganz frei sein würde. Sie hatten ein Lieblingslied, das sie zu diesen Fantasien hörten: „Totaly wild and absolutely free" – ganz und gar wild und absolut frei. Wenn sie dieses Lied hörten, konnten sie fühlen, dass sie im Inneren schon so waren, dass jeder im Innersten so ist: ganz und gar wild und absolut frei.

Manchmal höre ich das Leben singen in mir, ganz tief in mir drin. Bald werde ich selbst dieser Gesang, dann kannst du mich hören, wenn du in dich hineinhörst. Das ist schön und das tröstet mich.

Mädchen, 12 Jahre alt

Gespräch zwischen den Welten

Limpo, gestorben mit 7 Jahren an Malaria/Aids in Sambia

Limpo bin ich auf einer Reise durch Sambia begegnet.[1] Bei der Palmprozession am Sonntag vor Ostern trug ihr Onkel sie auf seinem Arm. Wir gingen eine Zeit lang nebeneinander her und führten ein für mich überraschendes Gespräch. Wie die meisten Kinder in Sesheke sprach Limpo recht gut Englisch, weil es die erste Staatssprache und gleichzeitig die Schulsprache ist. Ihre Muttersprache war Lozi. Von ihrem Onkel erfuhr ich, dass sie sie „Limpo" genannt hatten, was „Geschenk" bedeutet, weil ihre Mutter kurz nach ihrer Geburt starb und ihr Vater bereits vor ihrer Geburt gestorben war. Sie war also ein Geschenk seiner Schwester in seine Familie hinein. Von Beginn an war ihm bewusst, dass sie dieses Geschenk wohl nicht sehr lange würden behalten dürfen, weil beide Eltern an Aids gestorben waren und so auch ohne Untersuchungen klar war, dass die Kleine ebenfalls infiziert war. Limpo war aber ein starkes Kind, das lan-

1 Wir hatten damals eine Gemeindepartnerschaft mit Sesheke, einer Stadt in der Nähe von Livingston, die mein verstorbener Mann vor über 20 Jahren mit ins Leben gerufen hatte und die nun alle vier bis fünf Jahre von ein paar Gemeindemitgliedern besucht wurde. Neben Stipendien für den Besuch der weiterführenden Schulen finanzierte unsere Gemeinde auch die Arbeit von Frauengruppen, die Aidskranke auch in entlegeneren Dörfern besuchten, den Familien bei der Versorgung halfen und oft auch ein würdiges Sterben ermöglichten. In Sambia lag die Rate der HIV-infizierten Erwachsenen damals bei über 12 Prozent, deshalb wurden auch viele Kinder schon mit der Immunschwächekrankheit geboren.

ge ohne Krankheitssymptome mit den Dorfkindern groß wurde und Kindergarten und Schule besuchte. Sie war ein Wirbelwind an Gedanken, Worten und Ideen und wurde wirklich von allen als Geschenk empfunden. Mit sechseinhalb Jahren bekam sie zusätzlich Malaria mit starken Fieberschüben. Dennoch ging sie in den Zeiten zwischen den einzelnen Anfällen weiter zur Schule, auch wenn ab diesem Moment klar war, dass die Immunschwäche und die Infektionskrankheit zusammen ihre Lebenszeit drastisch verkürzen würden.

Seitdem war über ein Jahr vergangen. Ihr Onkel erzählte mir während der Prozession ihre Geschichte, immer unterbrochen von den Liedern der Gemeinde, die beide mitsangen. Nach einem der Lieder sagte er: „Und trotzdem ist sie unser Glückskind. Seit einiger Zeit kann sie die Ahnen sehen, die wir nur fühlen können, nicht wahr, Limpo?" Da begann Limpo, die mich vorher die ganze Zeit aufmerksam betrachtet, aber still ihrem Onkel zugehört hatte, zu erzählen.

„Weißt du, das hat mit dem Fieber angefangen. Aus unseren Geschichten weiß ich ja, dass wir nicht weit voneinander entfernt wohnen, die Ahnen und wir. Auch meine Eltern konnte ich schon immer fühlen und in meinen Träumen hat mir meine Mama erzählt, dass sie mich spürt und bei mir ist. Aber mit dem Fieber konnte ich sie das erste Mal wirklich sehen. Fieber haben ist, wie eine Zeit lang auf einer Grenze wohnen. Wenn das Fieber so hoch ist, dass ich meinen Onkel und meine Tante nicht mehr erkenne, dann erkenne ich dafür meine Mutter und meinen Vater auf der anderen Seite. Und seit ich sie das erste Mal auf dieser Fiebergrenze getroffen habe, kann ich sie manchmal auch ohne Fieber treffen, weil ich jetzt weiß, dass wir irgendwie in einer Welt leben. Aber ich sehe nicht nur sie. Ich begegne auch meinen Großeltern und wieder ihren Großeltern und auch vielen anderen Kindern, die ich in unserer Jetztwelt nicht kenne. Sie sind nicht so, wie wir sind. Du kannst sie nicht anfassen, auch wenn du sie sehen kannst. Du siehst auch nicht richtig ihre Gesichter, manchmal siehst du nur ihr Licht. Jeder Mensch hat sein eigenes Licht, weißt du? Ich auch, du auch. Wenn du die Lichter triffst, dann ist das auch verschieden. Manchmal siehst du sie nur und spürst sie irgendwie. Manchmal verschmelzt ihr ineinander. Das ist dann, als ob du mit jemandem, den du gut kennst, ein ganz ganz langes Gespräch führst und ihr einander alles über euer Leben erzählt. Ihr könnt dann ganz tief in euch drin spüren, wer ihr seid. Aber eigentlich ist es ganz anders, denn es vergeht keine Zeit, du verschmilzt und plötzlich weißt du alles und siehst du alles, was du bist und wer der andere ist. Gleichzeitig weißt du alle Geschichten, die der andere jemals gehört hat, und spürst alle Leben, die seines gestreift haben, und wenn du tiefer hineingehen würdest, könntest du von ihm aus auch in diese anderen Leben wechseln. – Das ist so, als ob du mit deiner Lichthaut, wenn du sie öffnest und das andere Licht hineinlässt, mit allen Lichtern ganz verbunden bist. Das ist so hell und so warm und so bunt und so viele gleichzeitig, dass du dich gar nicht mehr trennen willst. Und immer, wenn ich aus dem Fieber erwache, bin ich auch ein wenig traurig, dass ich wieder ganz in meiner Menschenhaut bin. Und manchmal brauche ich ein paar Tage, bis ich mich ganz trennen kann und überhaupt wieder Lust habe, in die Schule zu gehen.

Seit dem letzten großen Fieber sind schon drei Wochen vergangen und mein Onkel muss mich immer noch tragen, wenn er möchte, dass ich irgendwohin mitkomme. Ich glaube, meine Menschenhaut wird langsam müde. Sie ist schon so oft Lichthaut geworden, dass sie es nicht mehr richtig schafft, sich zurückzuverwandeln. Ich spüre jetzt auch stärker, wenn die Luft mich streichelt oder meine Tante mich mit einem Fellchen berührt. Ich spüre, dass sie dann jetzt schon nicht nur mich streichelt, sondern auch die vielen anderen. Und ich spüre die vielen anderen näher bei mir auch ohne Fieber, immer näher. Ich glaube, aus dem nächsten Fieber komme ich nicht mehr zurück in meine Haut. Das ist doch o.k., Onkel, oder?“

Dem Onkel waren die ganze Zeit Tränen über die Wangen gelaufen und er drückte und wiegte sie und tanzte ein paar Schritte mit ihr und flüsterte: „Das ist o.k., kleines Geschenk, alles ist gut. Du kannst leben, wo du willst. Du wirst immer bei uns sein.“

Limpo seufzte und schlief auf seinen Armen ein. Ich dankte ihm innig, ging noch eine Weile schweigend und Prozessionslieder singend neben ihnen und dann weiter zu einer anderen Familie.

Ein paar Wochen später – längst wieder zurück in Deutschland – erfuhren wir bei einem Telefonat mit dem Priester, dass Limpo zwei Wochen nach Ostern gestorben war, mit siebendreiviertel Jahren, hinein in ihre Haut aus Licht.

Du hast keine Schmerzen mehr, endlich, nichts tut dir mehr weh. Vielleicht erinnerst du dich nicht einmal daran, was Schmerzen sind. Vielleicht erinnerst du dich gar nicht. Vielleicht weißt du nicht mehr, welche Welt wirklicher ist, die, aus der du kommst, oder die, in der du dich dann befindest. Du bist ohne Worte. Du bist einfach. Ich habe Angst, aber ich bin auch gespannt.

Junge, 9 Jahre alt

Ich bin auch ein Entdecker

Ben, gestorben mit 10 Jahren an einem schnell wachsenden Hirntumor

Lehrerin:
Gestern sagte mir Frau Schindler, dass in meiner neuen fünften Klasse ein Junge ist, der bald sterben wird. Ich solle aufpassen, dass das die anderen Kinder nicht zu sehr belastet, sie ein bisschen von der Geschichte fernhalten, trotzdem eine gute Klassenatmosphäre schaffen. – Hat die 'nen Knall? Weiß die eigentlich, was sie da sagt? Wie soll das denn gehen? Mit einer Kollegin telefoniert. Bei ihr ist letztes Jahr ein Junge gestorben. Ist machbar, sagt sie.

Ben:
Morgen geh ich in die neue Schule. War das wirklich so eine gute Idee? Niemand kennt mich. Ich muss alles wieder von vorn erzählen. Eigentlich bin ich viel zu müde dazu. Mein Kopf tut weh. Ich hab mich durchgesetzt. Mama und Papa haben gesagt, wir könnten auch einfach ein halbes Jahr reisen oder so. Die Welt sehen, solange wir noch zusammen sind. – Auch ein schöner Gedanke. Aber irgendwie will ich, dass das Leben normal bleibt. Normale Dinge tun. Ich versuch jetzt, zu schlafen.

Lehrerin:
Na, das ist vielleicht 'ne Marke! Ben! Von wegen, die anderen fernhalten. Na ja, er hat die Flucht nach vorn angetreten. Eigentlich mutig. Hat schon im Kennenlernkreis seine Geschichte erzählt und uns seine Narbe gezeigt. Ein riesiges Ding, das über seinen halben Kopf reicht. Die Haare sind

grad mal wieder einen Zentimeter lang. Was hat der Kleine schon alles mitgemacht! Und was steht ihm noch bevor! Ich weiß eigentlich gar nichts von Hirntumoren – muss seinen mal recherchieren. Glioblastom. Komischer Name. Alle waren neugierig. Nette Truppe.

Ben:
War gar nicht so schlimm. Sie wollten alles genau wissen, zwei Mädchen haben sogar über meine Haare gestreichelt und die Narbe gefühlt. In der Pause hab ich mit Fußball gespielt. – Gott sei Dank geht das wieder. Nils hat gefragt, ob ich aus Pappe bin, wegen des Dings auf meinem Kopf, oder ob sie mich normal behandeln können. Ich hab erst mal normal gesagt. Mal sehn, wie es wird. Die Lehrerin ist auch ganz o.k. Nächste Woche kann ich einen Vortrag über meinen Tumor halten und die MRT-Bilder mitbringen. Das find ich gut.

Lehrerin:
Heute hat Ben seinen Vortrag gehalten. Echt heftig. Wie oft er allein im letzten Jahr im Krankenhaus war. Wie viel Angst er hatte. Seine armen Eltern. Gott sei Dank kann er jetzt wieder laufen. Kinder sind echt krass. Ist mir selten so aufgefallen wie bei diesem Thema. Sie haben keinerlei Hemmungen, fragen ihn alles. Zur Chemotherapie: „Wie ist es, Gift zu schlucken?" – „O.k., wenn man denkt, dass man dann noch etwas länger leben kann." Zur Operation: „Wie ging's dir, als du gewusst hast, dass sie dir morgen den Kopf aufsägen?" – „Ich hatte Angst und konnte nicht schlafen. Dann hab ich mir vorgestellt, dass sie das ja jeden Tag bei mehreren Menschen machen. Das hatte der Arzt gesagt. Er hat also Übung. Irgendwann bin ich dann eingeschlafen."

Die MRT-Bilder haben alle interessiert. Ben musste immer wieder zeigen, wie es in seinem Kopf vor und nach der OP aussah. Schließlich haben wir ein 3D-Bild von seinem Tumor in meinem Laptop gegoogelt. Ich glaub, ich empfinde die Situation viel heftiger, als die Kinder sie empfinden. Für mich ist es schwer, wenn ein Kind über sein eigenes Sterben spricht. Für die Klasse scheint das anders zu sein: „Wie lange lebst du denn jetzt noch?“ – „Weiß ich nicht so genau. Nur 0,5 % der Menschen, die meinen Tumor haben, leben noch länger als zwei Jahre. Und ein Jahr hab ich ihn jetzt schon. Mein Zimmernachbar im Krankenhaus ist vor den Sommerferien gestorben. Der war neun. Wir haben uns gut verstanden, weil wir beide dasselbe hatten. Aber ihm ging es schon schlechter als mir. Ich war auf seiner Beerdigung und hab mir vorgestellt, wie das wohl ist, in einem Sarg zu liegen. Ich wollte das ausprobieren. Mama hat die Krise gekriegt, aber Papa ist mit mir in ein Beerdigungsinstitut gefahren, wo sie viele Särge haben, und ich durfte die, die ich gut fand, ausprobieren. Ich hab mir schon einen ausgesucht, aber das haben wir Mama nicht gesagt.“ – „Wie sieht denn dein Sarg aus?“ – „Er ist hell von außen, ganz helles Holz und auf meiner Beerdigung könnt ihr ihn bunt anmalen, wenn ihr möchtet. Aber innen ist überall ganz blauer Samt, der fühlt sich weich und schön an.“ – „Was denkst du denn, wo du bist, wenn du tot bist?“ – „Was denkt ihr denn, wo ihr seid, wenn ihr tot seid?“

Wir haben die ganze Stunde darüber gesprochen, welche Vorstellungen vom Leben nach dem Tod diese Kinder haben, und schließlich haben alle ihre Vorstellungen gemalt und ich hab vom PC aus Bens Lieblingsmusik dazu laufen lassen … uff … echt berührend. Nur zwei Kinder aus der ganzen Klasse denken, dass sie nach dem Tod einfach in der Erde sind und zu Erde werden. Alle anderen sind davon überzeugt, dass es viel mehr Lebensformen gibt, als wir uns vorstellen können. – Wer ist hier eigentlich die Lehrerin?

Ben:
Sie stellen sich alle die gleichen Fragen, wie ich sie mir stelle. Nur ich werde schneller die Antwort bekommen. Das ist auch nicht so schlecht. Meine neue Klasse ist echt nett. Manche haben auch geweint. Wegen mir, aber auch, weil ihre Hamster oder Großeltern schon gestorben sind und sie sich bei unserem Gespräch daran erinnern mussten. Dann haben wir uns immer gegenseitig getröstet. Ich habe nicht geweint. Irgendwie bin ich im Moment nicht so traurig. Ich kann mir das alles noch nicht wirklich vorstellen. – Ob ich sie alle vermissen werde, wenn ich gestorben bin?

Lehrerin:
Jetzt bricht der Sturm los. Elf aufgeregte Elternanrufe. Solche Beschimpfungen hab ich mir selten anhören müssen. Ich sei doch keine Pädagogin, füllte meine Rolle nicht aus. Ich trüge die Verantwortung dafür, wenn ihre Kinder nun traumatisiert seien, ein solches Thema habe im fünften Schuljahr nichts zu suchen. Wie die Kinder denn so belastet überhaupt lernen sollten. Und das in der neuen Schule etc. Frau Schindler hat mich sofort zu sich zitiert. Einige Eltern haben echt schon um Versetzung ihrer Sprösslinge in eine Parallelklasse gebeten, um sich das Sterben dieses Jungen zu ersparen. Ich habe Frau Schindler die Situation erklärt und wir haben beschlossen, den Pflegschaftsabend (Elterninformationsabend zu Beginn eines Schuljahres) abzuwarten.

Ben:
Morgen müssen meine Eltern zum ersten Elternabend in die Schule. Sie sollen früher kommen, hat die Lehrerin gesagt,

um über die Situation zu sprechen. Mama hat Angst, das spüre ich. Papa hat ihr gesagt, dass nichts, was kommt, schlimmer sein kann als das, was wir schon erlebt haben. Wir haben uns alle drei umarmt.

Lehrerin:
Das war ein Abend! Bin froh, dass er geschafft ist. Ich hab Bens Eltern gebeten, früher zu kommen. Gott sei Dank sehr reflektierte Menschen. Sie sind wirklich dankbar und glücklich über Bens erste Woche in unserer Schule. Er fühlt sich wohl, hat mit Nils schon einen Freund gefunden. Sie haben sich sogar schon nachmittags getroffen. Sie freuen sich über die Offenheit, mit der Ben hier von sich sprechen darf. Es ist ein schweres Thema. Die Mutter hat die ganze Zeit ein wenig geweint.

Ich hab sie auf die Reaktionen und Fragen der anderen Eltern vorbereitet, aber sie haben schon in Bens alter Klasse Ähnliches erlebt. Sein Vater meinte, ihm sei klar, dass manche Eltern aggressiv reagieren, wenn sie ihre Kinder als bedroht empfinden. Wenn sein Sohn nicht zufällig sterben müsste, hätte er vielleicht genauso reagiert. – Großzügig!

Es war dann einfacher als gedacht. Ich hab am Anfang gesagt, dass wir am Ende über Bens Situation sprechen und nach den vielen Informationen über die neue Schule und unzähligen Fragen waren alle schon etwas beruhigter. Als es zum Punkt „Ben" kam, bat sein Vater, als Erster etwas sagen zu dürfen. Es war bemerkenswert: „Zunächst möchte ich mich bei Ihnen allen entschuldigen: Es tut mir leid, dass Sie Eltern von Kindern einer Klasse sind, in der ein gleichaltriges Kind sterben wird. Dadurch haben Sie keine Möglichkeit, Ihre Kinder vor diesem Thema zu schützen. Wenn ich in Ihrer Situation wäre, würde ich mich auch aufregen und versuchen, mein Kind abzuschirmen. – Leider bin ich nicht in Ihrer Situation. Mein Sohn wird sterben. Er ist unser einziges Kind und sein Tod wird furchtbar schwer für uns sein. Wir können uns unser Leben noch gar nicht ohne ihn vorstellen. Zum Glück nimmt er sein eigenes Sterben momentan nicht so schwer, wie wir es nehmen. Im Gegensatz zu uns zeigt er bislang wenig Angst davor. Er hat ziemlich genaue Vorstellungen davon, auf welche Art er weiterleben wird, und malt sich das in allen Einzelheiten aus. Er ist auch überzeugt davon, dass wir nach seinem Tod noch in Kontakt sein werden. – Wir sind erstaunt und sprachlos darüber und versuchen, ihn in allem zu bestärken, was er denkt. Wie er mit der Situation umgeht, macht es uns leichter, selbst damit umzugehen. Manchmal frage ich mich, wer hier eigentlich der Erwachsene ist. – Ich glaube, ich habe mich als Kind mit der Angst vor dem Sterben angesteckt. Von meinen eigenen Eltern. Sie haben mich immer vor dem Tod beschützt. Selbst als meine Großeltern starben, durfte ich nicht dabei sein, weil meine Eltern fanden, dass es zu schwer für mich sei. So habe ich große Angst vor dem Tod entwickelt. Weil seitdem in meiner Familie kein naher Mensch mehr gestorben ist, habe ich diese Ängste bis zur Diagnose meines Sohnes mit mir herumgetragen. – Erst mit ihm lerne ich, dass man seinem Schicksal auch mit Neugier begegnen kann, dass der Tod vielleicht gar nicht so schlimm ist, wie ich selbst befürchte. Vielleicht nicht einmal so endgültig. Vor ein paar Tagen sagte Ben zu mir, man müsse etwas, was jedem Menschen irgendwann passieren wird, doch genau erforschen. Und das würde er gerade tun. Er würde erforschen, was das eigentlich sei, das Sterben, und wie man es am besten machen könnte. – Ich lerne gerade jeden Tag von ihm.“

Als Bens Vater sich wieder setzte, war alles still und ich wies auf die Bilder hin, die die Kinder zu ihren Vorstellungen vom Sterben und Weiterleben gemalt hatten und die an den Wänden hingen. Ich erzählte auch von meinen eigenen Gefühlen, wie viel ich von den Kindern in den vergangenen Tagen gelernt habe, wie wenig Lebenswissen zum Thema Sterben wir als Erwachsene eigentlich haben und wie sehr meines gerade anwachse.

Bens Mama sagte, dass sie immer für Fragen offen sei und gern angerufen werden könne. Einige Eltern stellten dann noch Fragen zu Bens Krankheit und ihrem Verlauf, aber die gesamte Stimmung war gekippt. Nachdenklich und ruhig klang der Abend aus.

Ein halbes Jahr später.

Ben:
Langsam merke ich, dass ich nicht mehr so viel kann. Ich werde jetzt viel schneller müde. Fußball geht gar nicht mehr. Nils hat sich schon dran gewöhnt, dass wir eher Computer spielen. Ich muss auch wieder öfter ins Krankenhaus und fehle jetzt ab und zu in der Schule. Es ist wie vor meiner Operation. Aber ich weiß ja, dass wir mich nicht nochmal operieren können. Weil es mir schlechter geht, haben wir in der Klasse letzte Woche noch einmal über das Sterben gesprochen und nächste Woche zeige ich meinen Klassenkameraden meine Liste. Sie ist so eine Art Forschungsergebnis zu meiner Frage, wie Sterben geht:

1. Jeder Mensch stirbt. Ich bin also dort, wo ich dann hinkomme, nicht alleine (Oma und Opa Loren sind schon da, Tante Lina auch und Katharina aus meiner alten Klasse, außerdem Jack, unser Hund – und noch Millionen andere). Das reicht, um mich sicherer zu fühlen.

2. Das Sterben wird mir nicht wehtun. Wenn die Schmerzen kommen, bekomme ich einen Schmerztropf und kann selbst entscheiden, wann ich Medikamente brauche – wenn meine Freunde mich besuchen, brauch ich weniger, weil ich dann die Schmerzen nicht so merke.

3. Sterben ist wie Einschlafen. Erst werde ich immer müder und dann schlafe ich ganz weg.

4. Am schlimmsten ist das Sterben für meine Eltern und für Oma und Opa. – Und für mich wegen denen. Aber ich kann nichts dagegen tun, dass sie so traurig sind. Und das muss ich auch nicht. Das müssen sie selbst, wenn ich dann gestorben bin. Ich bin ja auch traurig, ich würde auch am liebsten bei ihnen bleiben.

5. Herr T. sagt, weil man das Fremde nicht kennt, möchte man da bleiben, wo man sich auskennt und wo man denkt, dass es nicht so gefährlich ist. Aber letztlich kann es überall lebensgefährlich sein. Nur wenn ich tot bin, besteht keine Lebensgefahr mehr – logisch. Er sagt, deshalb ist er ein bisschen neugierig auf den Tod. Weil er auch ein Entdecker ist – ich bin auch ein Entdecker.

Lehrerin:
Heute hat Ben uns allen seine Liste gezeigt. Es ist eine Art Sicherheitsliste, mit der er sich hilft, sich auf das Sterben vorzubereiten. Bemerkenswert. Den Unterricht danach hat er eigentlich selbst gestaltet. Er hat uns erzählt, dass er nun bald sterben wird, und er hat uns gesagt, dass er davor noch ein paar Wünsche an uns und an das Leben hat. Die Wünsche hat er in drei Wunscharten unterteilt: durch ihn selbst

erfüllbare Wünsche, mit Hilfe/Glück erfüllbare Wünsche, vermutlich unerfüllbare Wünsche.

Wie lange er darüber wohl nachgedacht hat?

Einen Wunsch haben wir ihm direkt erfüllt, bei einem Wunsch haben wir ihm versprochen, ihn zu erfüllen, und einen Wunsch hat er uns erfüllt:

Der erfüllte Wunsch: Wir alle mussten aufschreiben, was wir in unserem Leben noch erleben wollen – aber nicht so etwas Abgedrehtes, wie Ben sagte, sondern auch normale Dinge. Wir mussten unsere Wünsche auch nach Bens drei Wunscharten unterteilen.

Der versprochene Wunsch: Wir haben ihm versprochen, alle zu seiner Beerdigung zu kommen, uns dabei ganz normal anzuziehen, nicht in Schwarz oder so und vor allem nicht nur traurig zu sein, sondern auch daran zu denken, wie lustig er manchmal ist.

Der Wunsch, den er uns erfüllt hat: Eigentlich hat er ihn Nils erfüllt. Er ist sein bester Freund, und er hat ihn gefragt, ob er, wenn er tot ist, seine Leiche sehen darf und ob er ihn anfassen darf, weil er noch nie eine Leiche gesehen hat, weil seine Eltern das nicht wollten, als sein Opa gestorben ist. Ben sei aber sein bester Freund und wenn er es ihm erlauben würde, könnten seine Eltern nicht Nein sagen. Ben hat ihm versprochen, dass er ihn anfassen darf, wenn er eine Leiche ist, und beide haben einen Vertrag gemacht und ihn unterschrieben. Nils sagt, jetzt könnten seine Eltern es ihm nicht mehr verbieten. Die meisten anderen Kinder meinten, dass sie es auch spannend finden, einen richtigen Toten zu sehen. Darüber hat Ben sich gefreut.

Ben:

Heute habe ich meiner Klasse meine Liste gezeigt. Ich habe ihnen von meinen Wünschen erzählt und ihnen gesagt, sie sollen auch Wünsche aufschreiben und so schnell wie möglich anfangen, sie sich zu erfüllen, weil sie ja nicht wissen, wann sie sterben. Unsere Lehrerin hat auch mitgemacht. Wir haben wirklich lange über meine Wünsche gesprochen. Das fand ich nett. Sie haben mich gefragt, welche Wünsche ich mir denn schon erfüllt und welche unerfüllbaren Wünsche ich hätte:

Ich hab ihnen erzählt, dass ich mir den größten Wunsch erfüllt habe, als ich trotz meiner Krankheit noch auf unsere Schule gekommen bin. Da habe ich mich gegen meine Eltern durchgesetzt und das war ganz schön schwer. Außerdem sind meine Eltern in den letzten Sommerferien mit mir nach Chile gereist. Da kommt mein Vater her und da wollte ich immer hin. Sie haben das gemacht, obwohl die Ärzte gesagt haben, dass es gefährlich ist. Dafür bin ich ihnen sehr dankbar. – Außerdem hat sich dadurch noch ein Wunsch erfüllt, von dem ich nie gedacht hätte, dass das möglich ist. Meine Cousine in Chile hat mich geküsst. So richtig. Auf den Mund. Das hat sich wunderschön angefühlt. Ich weiß nicht, ob sie es gemacht hat, weil sie Mitleid mit mir hat oder weil sie mich mag – aber das ist mir auch egal. Es war einfach wirklich schön. Trotzdem bin ich dadurch auch ein wenig traurig geworden. Denn ich habe zum ersten Mal über all die Wünsche nachgedacht, die ich mir nicht mehr erfüllen können werde. Ich hätte sehr gern einmal erlebt, wie das wirklich ist, mit einer Frau zu schlafen, so richtig, meine ich. Ich würde auch sehr gern eine Familie gründen und eigene Kinder haben. Auf jeden Fall mehrere, damit ich nicht allein bin, wenn eins von ihnen sterben muss. Außerdem würde ich gern Musiker werden oder Architekt wie mein Onkel oder Geograf … was genau weiß ich noch nicht. Aber ich muss es ja auch nicht wissen. Nie. Darüber bin ich wirklich traurig. Ich darf einfach nicht zu viel darüber nachdenken, denn ich möchte die Zeit, die ich noch lebe, nicht mit Traurigsein verbringen – auch wenn das dazugehört, wie Mama sagt.

Ich habe allen gesagt, dass sie auch Wünsche aufschreiben sollen, die sie sich sofort erfüllen können, noch in dieser Woche. Weil es sich gut anfühlt, sich einen Wunsch zu erfüllen. Sie sollen mit dem Wünsche-Erfüllen nicht zu lange warten, denn man kann einfach nie wissen, wann man sterben muss. Wenn man sterben muss, ist es definitiv besser, sich schon viele Wünsche erfüllt zu haben, und möglichst viel von dem, was man im Leben erleben will, schon erlebt zu haben und schon jetzt glücklich zu sein. Warten ist keine so gute Taktik, auch wenn die Erwachsenen das manchmal anders sehen.

Zu Beginn des sechsten Schuljahres kam Ben nur noch einmal in die Schule, um sich zu verabschieden. Seine Mutter brachte ihn in einer Art Rollstuhl und er dankte allen und lud die ganze Klasse noch einmal persönlich zu seiner Beerdigung ein. Bei diesem Abschied weinten alle, aber dann sagte Ben, sie sollten jetzt mit ihm noch ein gemeinsames Spiel machen, bei dem sie immer lachen mussten, denn er wollte sich normal fühlen, wenn er schon sterben würde. – Das gelang, alle lachten und weinten durcheinander und schimpften und verabschiedeten sich. Nach diesem Besuch schrieben die Kinder ihm viele Briefe und schickten ihm Bilder und zwei Freunde besuchten ihn noch zu Hause, wo er zwei Wochen später im Schlaf im Ehebett zwischen seinen Eltern gestorben ist.
Sein Freund Nils durfte ihn sehen und berühren, als er tot war. Alle Klassenkinder und -eltern waren bei seiner Beerdi-

gung und sein Bild hängt bis heute in ihrem Klassenraum und wandert mit der Klasse mit.
Das ist jetzt fünf Jahre her und vor einiger Zeit traf die Lehrerin einen ehemaligen Mitschüler aus Bens Klasse, der im Gespräch darüber, wie es ihm gehe, beim Abschied lächelnd hinzufügte, dass er seine Wunschliste noch habe und weiterführe und dass er versuchen würde, jeden Tag so glücklich wie möglich zu sein.

Bei dieser Geschichte wurden auf Wunsch der Eltern alle Namen geändert.

Geschwister bleiben

Geschichten von Einsamkeit und Zugehörigkeit

Der Tod einer Schwester oder eines Bruders ist eine große Herausforderung für das Geschwisterkind. Wenn eine lange Krankheitsphase vorausging, hat es oft schon gelernt, damit umzugehen, dass die Elternwelt sich überwiegend um das kranke Kind dreht und der Familienalltag sich nach dessen Bedürfnissen organisiert. Viele Schwestern und Brüder kranker Kinder versuchen aktiv, die Eltern und erkrankten Geschwister zu stützen, und stellen ihre eigenen Wünsche und Bedürfnisse in den Hintergrund. In vielen Biografien, die im Erwachsenenalter entstehen, schreiben diese Kinder über eine Art familiäres „Schattendasein", aus dem sie erst sehr spät wieder herausgefunden haben.

Besonders wenn eine kurze Krankheit, ein Unfall oder Suizid die Todesursache war, verlieren die Geschwister meist nicht nur den verstorbenen Bruder oder die verstorbene Schwester, sondern oft auch ihre Eltern, wie sie sie vorher kannten. Diese können gerade nur den Verlust spüren und nicht das Glück, dass das gesunde Kind da ist. Noch weniger gelingt es den Erwachsenen meist, zu realisieren, dass das gesunde Kind in diesem Sinne doppelt leidet: am Verlust des Geschwisterkinds und an der veränderten Zuwendungsfähigkeit der Eltern.

Je nachdem, wie das Geschwisterverhältnis war, kommen später Schuldgefühle des Überlebthabens und Mechanismen von Identifizierung und Ersatz hinzu. Hier ist es gut, wenn sich die Geschwister im Jugendalter im Freundeskreis getragen wissen und auch von der Möglichkeit erfahren, an Trauergruppen „verwaister Geschwister" teilzunehmen. Geschwisterkindern zwischen drei und 14 Jahren sollten die Erwachsenen aktiv bei der Suche nach Gesprächsmöglichkeiten helfen.

Wichtig ist in jedem Fall, dass die Geschwister so offen wie in der Familie irgend möglich in die Sterbevorbereitung einbezogen werden, dass sie wissen, wie es der Schwester oder dem Bruder geht, dass sie unbefangen und möglichst von den Eltern unzensiert mit ihr/ihm sprechen dürfen, d.h. auch mal allein mit ihm/ihr im Krankenzimmer sein dürfen. Viele sind beim Sterben ihres Geschwisters mit dabei oder werden von ihren Eltern zeitnah nach dem Tod dazugeholt, um sich in Ruhe von der verstorbenen Schwester/dem verstorbenen Bruder verabschieden zu können. Oft möchten sie die Abschiedsfeier mitgestalten.

Es ist gut, wenn Eltern, Verwandte oder Freunde möglichst schon während der Krankheit gemeinsam mit den gesunden Geschwistern überlegen, wie sie das Familiengeschehen in der Schule kommunizieren können, wer die Lehrer informiert, auf welche Weise das geschieht etc. Hier hatte ich als junge Lehrerin einmal ein starkes Erlebnis: Ein Kind im fünften Schuljahr fragte, ob es eine Präsentation machen könne zu dem, was ihm zu Hause passiert sei. Der Junge brachte mehrere Plakatkartons mit, auf denen er die Krankheit seiner Schwester in den verschiedenen Phasen mit Fotos dokumentiert hatte. Auf jedem Plakat hatte er die Zeiten aufgeschrieben, in denen er wegen der Krankheit seiner Schwester bei seiner Tante leben musste oder in denen er allein zu Hause war und die Nachbarin auf ihn achtgab, während die Eltern in der Klinik waren. Er hatte auch seine tote Schwester fotografiert und unter diese Fotos geschrieben, was er vermisste. Das alles war erst sechs Wochen her und niemand in der Klasse wusste davon, weil er durch den Schulwechsel in die Gesamtschule nicht mehr mit seinen alten Klassenkameraden zusammen war. Die Klasse nahm seine Geschichte voll Mitgefühl und auch Neugier auf. Wir stellten eine Kerze für seine Schwester auf und fragten ihn in den nächsten Wochen oft nach seinem Befinden.

Andere Geschwisterkinder legen Wert darauf, dass in der Schule so wenige Menschen wie möglich Bescheid wissen, damit es zumindest einen Raum in ihrem Leben gibt, an dem weiterhin die alte Ordnung funktioniert. Was für den Einzelnen und die Einzelne wichtig ist, lässt sich nur durch Fragen und feinfühliges Hinhören herausfinden.

Nur weil ein Geschwisterkind gestorben ist, ist es nicht einfach weg. Es ist auf eine andere Art in der Familie anwesend als vorher. (Das kann sogar der Fall sein, wenn die Geschwister sich gar nicht kennengelernt haben, wie eine der folgenden Geschichten zeigt.) Zunächst hinterlässt es eine riesige Lücke und sein Fehlen wird im Alltag stark empfunden. Bei Erinnerungen an ein „heiles Davor" wird oft geweint und weil wir Menschen normalerweise nicht gerne weinen, kann es dazu kommen, dass deshalb manchmal auch die bunten, lebendigen Erinnerungen vermieden werden.

Hier kann es helfen, sich Rituale auszudenken, z. B. sich gegenseitig einmal in der Woche schöne Erinnerungsgeschichten zu erzählen und dann gemeinsam zu weinen und vielleicht auch zu lachen. Später kann man sich an Geburtstagen oder Todestagen oder zu anderen besonderen Gelegenheiten mit Freunden und Verwandten treffen und alle einladen, statt Geschenken Geschichten mitzubringen.
Wenn man solche Schritte nicht bewusst geht, bleibt das Verlustgefühl oft für lange Zeit viel stärker als das „Schön-dass-es-dich-gibt-Gefühl".

Die Geschwistergeschichten in diesem Buch erzählen von den unterschiedlichen Wegen, die die Schwestern und Brüder zwischen diesen beiden Gefühlswelten finden und wie sie ihr Geschwistersein und Geschwisterhaben nach deren Tod Schritt für Schritt neu definieren.

Ich bleibe deine Schwester, immer. Du kannst mich spüren. Wenn du die Sterne am Himmel anschaust, weißt du: Ich bin da. Wenn dir der Wind die Haare zaust, spürst du: Ich bin da. Wenn du dir wünschst, dass dir jemand die Hand gibt: Erinnere dich an meine. Ich habe dann keine Hände mehr, aber ich bin da. Ich bin immer in deiner Nähe.

Mädchen, 15 Jahre alt, für die kleine Schwester

Manchmal spüre ich sie wie einen Engel auf meiner Schulter

Kim, 16 Jahre, Tod der 11-jährigen Schwester durch einen schnell wachsenden Hirntumor

Vor drei Jahren ist meine kleine Schwester Sarah an Silvester einfach umgekippt. Ihr wurde schwindelig und sie hat sich übergeben. Dann hat mein Vater, bei dem wir beide lebten und bei dem ich heute noch lebe, schnell den Krankenwagen gerufen und sie ist erst nach Stade und dann sofort weiter nach Hamburg in die Uniklinik gebracht worden.

Da haben die Ärzte festgestellt, dass sie einen faustgroßen Hirntumor hat, und sie wurde sofort operiert. Acht Stunden hat die Operation gedauert. Der Tumor hat auf das Stammhirn gedrückt. Davor hatte sie wochenlang kaum Hunger gehabt, was wir verwunderlich fanden. Der Kinderarzt konnte aber nichts feststellen. Heute wissen wir, dass das auch schon durch den Tumor kam, weil das Stammhirn ja auch Hunger und Durst regelt. Nach ihrer Operation lag sie zwei Wochen im künstlichen Koma und musste dann das Essen, Laufen und Sprechen wieder neu lernen. Sie hatte Haare bis zur Hüfte, lange blonde Haare, die abgeschnitten wurden.

Danach kam sie auf die Kinderstation. Nach drei Tagen durfte ich sie zum ersten Mal besuchen. Das war ein ungewohntes Gefühl, sie so zu sehen, so schwach und krank im Bett. Ich war nur ungefähr eine Stunde da. Leider hat mir meine Familie verboten, sie öfter zu besuchen. Insgesamt war ich nur zweimal da, weil Hamburg ziemlich weit von hier ist und ich zu dem Zeitpunkt noch nicht alleine Bahn fahren durfte, ich war ja erst 14.

Als ich das zweite Mal bei ihr im Krankenhaus war, ist sie mit mir am Ende des Besuchs den Flur hinuntergegangen, hat mich ganz fest umarmt und gesagt, sie findet es sehr schade, dass ich jetzt wieder gehen muss. Sie wollte mich nicht mehr loslassen. Das ist ein richtiges Glücksgefühl, dass das so war, weil wir das eigentlich vorher nie so hatten, dass sie mich so umarmt und so etwas Liebes gesagt hat. Seitdem hatten wir eine ganz andere Verbindung zueinander. In ihrer letzten Lebensphase waren wir wirklich Geschwister und wir wussten, dass wir uns lieben. Vorher, in unserem normalen Geschwisteralltag, haben wir uns auch sehr viel gestritten und waren oft unfreundlich zueinander. Das hat die Krankheit total verändert. Das fühlt sich im Nachhinein auch gut an.

Meine Eltern leben getrennt und meine Mutter wohnt in Hannover. Sie haben sich im Krankenhaus bei meiner Schwester abgewechselt, aber mein Vater war trotzdem jeden Tag dort. Ich musste fast einen Monat bei meiner besten Freundin wohnen. Das war gut. Sie kannte meine Schwester auch sehr gut. Schwer für mich ist, dass meine beste Freundin nach dem Tod meiner Schwester eine Depression bekommen hat, weil sie einfach nicht fassen konnte, was passiert ist.

Irgendwann kam meine Schwester dann aus dem Krankenhaus nach Hause und musste erst einmal noch jeden Tag nach Hamburg zur Chemotherapie und Bestrahlung, außer samstags und sonntags. Sie musste auch sonst noch viele Medikamente nehmen. Dann hat die Chemotherapie irgendwann aufgehört und wir haben das so verstanden, dass Sarah geheilt ist. Die Ärzte haben uns irgendwie nicht klar genug gesagt, dass es bei ihrer Krankheit keine Heilung gibt, und meine Eltern haben die Diagnose „Glioblastom“, so hieß ihr Hirntumor, extra nicht gegoogelt. Sie wollten einfach leben, so wie es ist.

Erst ungefähr zwei, drei Wochen vor ihrem Tod haben die Ärzte meinen Eltern dann klarer gesagt, dass meine Schwester nicht mehr gesund wird, dass der Tumor wieder gewachsen und der ganze Kopf voll davon ist.

Sarah durfte bei diesem Gespräch nicht mit hinein ins Zimmer. Das ist ihr komisch vorgekommen, weil sie sonst immer bei Gesprächen dabei sein durfte. Deshalb hat sie wahrscheinlich geahnt, was gesprochen wurde. Wir glauben, dass sie es geahnt hat, weil wir das so empfunden haben, dass sie sich von diesem Zeitpunkt an eine Art „To-do-Liste“ gemacht hat. Eine innere Liste mit Dingen, die sie unbedingt noch mit uns unternehmen oder für sich tun wollte. So wollte sie zum Beispiel in den Harz, um den Bernhardiner eines Freundes noch einmal zu sehen. Also sind wir mit meiner Mama dorthin gefahren. Dann wollte sie hier an den Entensee. Da sind über hundert Enten und es gab eine dabei, die sie am liebsten mochte. Ich weiß gar nicht, wie sie sie erkannt hat. Da sind wir jedenfalls auch mit ihr hingefahren. Sie wollte noch einmal spazieren gehen zu unseren Pferden, unbedingt noch einmal mit meinem Vater shoppen gehen und noch andere kleine Dinge tun. Dinge, die sie in den Wochen vorher nicht getan oder gewollt hat, Dinge, die für sie wohl noch erledigt werden mussten. Sie hat anscheinend gespürt, dass sie bald sterben muss, und dann hat sie sich auf ihre Art von ihrer Welt verabschiedet.

Das Sterben meiner Schwester ging schleichend voran. Drei bis vier Tage vorher war sie nur noch müde und hat im Bett gelegen. Dann konnte sie irgendwann nicht mehr aufstehen, hat nichts mehr gegessen. Langsam wurde sie nicht mehr wach oder ansprechbar. Jeden Tag kamen Leute vom KinderPaCT[1] und haben nach ihr gesehen. Sie hat die Dinge nur noch am Rande mitbekommen, irgendwie unterbewusst.

Ich saß oft an ihrem Bett und hab auf sie aufgepasst. Wir haben uns abgewechselt. Wenn ich von der Schule kam, hab ich immer erst bei ihr reingeschaut. Sie hat oft sehr lange nicht geatmet, als ob sie die Luft anhalten würde. Ich erinnere mich noch daran, dass die Frau vom KinderPaCT, die Sarah gut kannte, weil sie auch schon auf der Station für sie zuständig war, einmal mit mir in der Küche stand. Da habe ich sie gefragt, ob Sarah es noch bis zu ihrem Geburtstag im September schafft. Sie hat gesagt, nein, es würde sich eher um Tage handeln. Das war ein großer Schock für mich. Meine Eltern hatten mir das so klar nicht gesagt. Sie konnten irgendwie nicht darüber sprechen. Ich habe auch vor ihnen so gut wie nie um Sarah geweint. Irgendwie habe ich gespürt, dass sie mit ihrem Tod noch weniger umgehen können, als ich das kann.

An ihrem Sterbetag, einem Samstag frühmorgens um kurz vor sechs, saß meine Mutter neben ihr und mein Vater hat in der Küche Kaffee gemacht. Meine Schwester hat plötzlich nur noch sehr unregelmäßig geatmet. Meine Mutter hat meinen Vater gerufen. Er hat zu ihr gesagt: „Es ist

---

1 KinderPaCT Hamburg e. V. unterstützt sterbenskranke Kinder und Jugendliche, ihre Geschwister und Eltern in ihrer letzten Lebensphase zu Hause. Mithilfe besonders qualifizierter Kinderärzte und Kinderkrankenpflegerinnen können sterbende Kinder und Jugendliche in ihrer gewohnten Umgebung würdevoll und schmerzarm bei ihrer Familie die letzte Etappe ihres Lebensweges gehen. Kinder-PaCT Hamburg e. V. ist für die stark belasteten Familien rund um die Uhr erreichbar. (Kinder-Palliativ-Care-Team, Hamburg e. V. für spezialisierte ambulante pädiatrische Palliativversorgung (SAPPV) gemäß §37b SGB-V)

o.k., Sarah, du darfst jetzt gehen.“ Dann ist sie eingeschlafen.

So haben mir meine Eltern das erzählt. Ich habe es nicht mitbekommen. Ich lag im Bett und sie haben mich erst nach ihrem Sterben geweckt. Ich wollte Sarah nicht tot sehen oder sie berühren. Ich wollte sie in Erinnerung behalten, wie sie war. Obwohl meine Verwandten kamen, bin ich zu einer schon lange vereinbarten Verabredung mit meiner besten Freundin gefahren. Ich konnte zu diesem Zeitpunkt die Stimmung hier in der Wohnung nicht ertragen. Am Abend kam ein Mann vom KinderPaCT, der uns erklärt hat, was jetzt alles passiert, wie es weitergeht und was das für jeden von uns bedeutet. Da habe ich erst die ganze Tragweite dessen, was auf mich zukommt, begriffen. Es war schon in ihren letzten zwei Lebenswochen für mich komisch, dass andauernd fremde Leute bei uns waren. Das tat mir nicht so gut. Ich wäre lieber als Familie alleine gewesen. Aber sie haben Sarah bei der Schmerzregulierung geholfen (also dabei, wie viel Medizin sie bekommt, um sich möglichst schmerzfrei zu fühlen) und meine Eltern bei der Pflege unterstützt.

Das war das Schrecklichste in meinem Leben, dass meine Schwester gestorben ist und ich nicht dabei sein, dass ich ihr nicht wirklich Tschüss sagen konnte, als sie noch lebte. Ich hatte viel Trauer und Schmerz und Wut auch auf mich selbst, dass ich meine Schwester oft nicht so gut behandelt habe, das hätte ich alles auch anders machen können.

Die Beerdigung war ganz o.k. Wir haben die Menschen eingeladen, die Sarah kannten, und viele sind auch gekommen. Sogar ein Klassenkamerad von ihr mit seiner Mutter.

Wir haben ihren Sarg selbst bemalt. Mein Opa ist Maler und auch mein Vater und ich haben das im Blut. Mein Opa hat Vorlagen von ihrem Lieblingsstofftier, dem Pony Max, gemalt. Dieses Stofftier hat sie überallhin mitgenommen, zu jeder Chemotherapie, als sie im Koma lag und wir haben es ihr auch mit in den Sarg gegeben. – Mein Opa hat das Pony in bunten Farben oben auf ihren Sargdeckel gemalt und mein Vater und ich haben an den Seiten Diddl-Mäuse hingemalt. Auch Miezi, die selbst gehäkelte Katze, die sie bei der Bestrahlung bekommen hat, haben wir mit auf den Sarg gemalt und sonst noch viele Dinge, die sie sehr mochte. Das war schön, das gemeinsam für Sarah zu tun.

Die erste Zeit nach der Beerdigung dachte ich immer wieder, dass sie zurückkommt, dass das alles nicht wahr sein kann. Ich steckte wie in einem Käfig mit meiner Trauer. Ich konnte mir nicht vorstellen, wie das Leben weitergehen soll. Alles fühlte sich so anders an. Diese Traurigkeit war anders als normale Traurigkeit. Ich dachte, dass ich es nicht schaffe, aus dem Käfig herauszukommen. Irgendwann hab ich dann begonnen, zum Grab zu gehen und innerlich mit Sarah zu sprechen. Meine beste Freundin und meine Freunde haben mir geholfen und mich immer wieder aufgemuntert. Das war wirklich gut. Ich habe mir vorgestellt, dass meine Schwester wie ein Engel auf meiner Schulter sitzt und bei mir ist. Und ich habe auch wirklich oft das Gefühl, dass sie da ist. Ich spüre sie. Irgendwie habe ich das Gefühl, dass sie mir hilft, ihren Tod zu verarbeiten. Außerdem hab ich nach und nach Pflegepferde bekommen, dann auch ein eigenes Pferd. Geholfen haben mir auch manche Musiktitel und Songtexte, die ich oft gehört habe, z. B. von One Direction „Story of my Life", das wir auch auf ihrer Beerdigung gespielt haben.

Inzwischen habe ich verstanden, dass ich ihr nicht helfen konnte, weil sie eine unheilbare Krankheit hatte. Die ausweglose Trauer ist verschwunden. Ich bin einfach traurig, dass sie nicht mehr real zu meinem Leben gehört, dass ich sie nicht sehen kann, dass ich zu Hause meist alleine bin, weil mein Vater eigentlich immer arbeitet. Mein „Trauerfaktor“ hat sich verändert. Ich trauere nicht mehr jeden Tag. Dauerhafte Trauer ist, glaube ich, wirklich schädlich für einen selbst. Diese Hin-und-wieder-Trauer, wie ich sie jetzt spüre, fühlt sich normal an. Mit ihr kann ich leben und ich finde auch gut, dass ich Sarah fühle.

Mein Vater war sauer auf mich, dass ich schon ein paar Tage nach Sarahs Tod wieder in die Schule gegangen bin. Das hat er nicht verstanden. Er selbst hat sich krankschreiben lassen und zwei Jahre lang nicht gearbeitet. Erst letzten Sommer hat er wieder damit angefangen. Am Anfang ist er noch abends mit mir gemeinsam zu Sarahs Grab gegangen. Dann war er oft nur noch bei seiner Freundin und hat sich sehr in sich zurückgezogen. Gott sei Dank ist er irgendwann zu Seminaren der „Verwaisten Eltern e. V.“ gegangen. Sie haben dort auch Vätergruppen. Da hat er gelernt, dass jeder anders trauert. Ich zum Beispiel, indem ich meinen Alltag gleich lasse. Mein Alltag ist meine Stütze, sonst habe ich ja nicht so viel Stütze. Dass ich so lebe, heißt nicht, dass ich nicht um meine Schwester trauere. Ich tue es nur anders als mein Vater und meine Mutter.

Aus diesem Kontakt heraus bin ich auch in eine Trauergruppe für verwaiste Geschwister gekommen. Durch diese Gruppe hat sich mein Lebensgefühl verändert. Ich weiß jetzt, dass ich nicht alleine bin, dass es Kinder und Jugendliche in meinem Alter gibt, die ungefähr dasselbe erlebt haben wie ich. Mit den Jugendlichen dort kann ich offen darüber reden, weil wir gegenseitig wissen, wie wir uns fühlen. Hier stößt man nicht auf Unverständnis, Mitleid oder Heuchelei, sondern auf Verbündete und Gleichgesinnte. Das tut gut! Hier habe ich auch gelernt, dass es normal ist, mit seinen Geschwistern zu streiten, und ich habe mich mit mir selbst versöhnt. Diese große Wut auf mich, die ich anfangs hatte, ist weggegangen. Ich habe mich in der damaligen Situation ganz normal verhalten. Sobald es Sarah schlecht ging, sobald sie krank wurde, habe ich sie unterstützt und unser Verhältnis hat sich verbessert.

Mein Vater hat sich nach Sarahs Tod sehr stark verändert. Meine Mutter auch, aber bei ihr bekomme ich das nicht täglich mit. Meine Schwester war immer eher ein Mamakind und ich ein Papakind. Aber nach Sarahs Tod hat er irgendwie das Interesse daran verloren, Dinge mit mir gemeinsam zu unternehmen, was sehr schade und auch sehr verletzend für mich ist. Wir haben zwar viele Gespräche darüber, aber es verändert sich nicht wirklich etwas. Meine Eltern haben vor meiner Geburt schon fünf Kinder in Mamas Bauch verloren. Ich glaube, dass dann auch noch eines ihrer lebenden Kinder gestorben ist, ist einfach zu viel für sie. Vielleicht will mein Vater nicht mehr so viel mit mir zu tun haben, weil er Angst hat, mich auch noch zu verlieren? Ich weiß es nicht. Sarahs Zimmer zum Beispiel ist noch genauso, wie sie es verlassen hat. Das ist einerseits schön und andererseits auch manchmal schwierig. Letztens habe ich mir eine Decke aus ihrem Zimmer geholt, als mein Freund bei mir übernachtet hat. Eine Decke, mit der ich mich zugedeckt habe, nicht einmal mein Freund. Als mein Vater das gemerkt hat, ist er sehr wütend geworden. – Das finde ich merkwürdig. Das hat für mich nichts damit zu tun, Sarah in Ehren zu halten. Sie hätte sich sicherlich gefreut, wenn ich mich mit ihrer Decke zudecke. Das weiß ich. Ich hoffe, dass mein Vater bald lernt, die Zeit, die ich noch bei ihm zu Hause wohne, als kostbar zu empfinden. Denn lange wird das nicht mehr sein. Zumindest finde ich gut, dass er noch mit mir gemeinsam zu den jährlichen Familienwochenenden der „Verwaisten Eltern“ fährt. Da sprechen wir viel über Sarah und über unsere Gefühle und stellen Erinnerungsgegenstände her. Heute haben wir hier im Wohnzimmer eine Vitrine mit Erinnerungen an Sarah. Sie ist voller schöner Erlebnisse.

Ihren Geburtstag feiern wir immer alle gemeinsam mindestens mit meiner Mutter und meinem Vater, manchmal kommen noch andere Menschen mit, mein Opa zum Beispiel. Wir gehen ans Grab und bringen ihr Blumen und neue Engel. Wir haben das Grab sehr modern gestaltet. Ich mag es. Dann gehen wir gemeinsam Kaffee trinken und Kuchen essen. Wir haben abgemacht, dass dieser Tag kein Trauertag ist. Er war ja nie ein Trauertag. Wir feiern, dass Sarah da war, und wir erzählen von ihr!

An ihren Sterbetagen ist es noch etwas anders. Sie sind bedrückender. Wir gehen gemeinsam ans Grab und jeder spricht innerlich mit ihr, dann gehen wir gemeinsam wieder nach Hause. Aber im Alltag sprechen wir viel von ihr, wir erzählen Geschichten und erinnern uns gemeinsam an schöne Momente zurück. Wenn ich abends allein in der Wohnung bin, sage ich vor dem Einschlafen „Gute Nacht, Sarah“ und dann spüre ich, dass sie da ist.

Wenn ich selbst über Tod und Sterben nachdenke, merke ich, dass ich keine Angst vor dem Tod habe. Das war vor Sarahs Tod anders. Heute glaube ich sehr fest daran, dass es ein Leben nach dem Tod gibt in einer Welt ohne Leiden, ohne Sterben und ohne Krebs und dass ich da, wo ich dann bin, besser aufgehoben bin. Wenn ich wüsste, dass ich in zwei Wochen sterben würde, würde ich mich nicht fürchten, sondern mich freuen, dass ich meine Schwester wiedersehe.

Ich fühle mich mit meiner Schwester sehr verbunden. Wenn ich einen schlechten Tag habe, gehe ich an ihr Grab und merke, dass sie noch bei mir ist. Sie lebt im Herzen und ist nicht wirklich weg, sie ist nur nicht mehr real da. Das denke ich. Wenn andere Menschen das nicht verstehen, ist das so.

Eltern in ähnlichen Situationen würde ich raten, die Geschwister mit einzubinden beim Sterben eines Geschwisterkindes. Sich die Zeit zu nehmen, sich gemeinsam mit ihren anderen Kindern damit zu befassen, dass der Bruder oder die Schwester sterben kann. Ich konnte mich damit nicht beschäftigen, weil ich zu dem Zeitpunkt überhaupt nicht wusste, was es bedeutet, wenn ein Kind stirbt. Ich glaube, damit können sich Teenager in meinem Alter durchaus mehr befassen, denn schließlich kann es jedem passieren. Und wenn du dich damit auseinandergesetzt hast, zum Beispiel in der Schule oder so, dann weißt du eher, dass so etwas möglich ist und was das für dich und dein Leben bedeuten kann. Dann bist du vielleicht aufmerksamer, auch jetzt schon, im Umgang mit deinen Geschwistern. Dann spürst du vielleicht schon früher, dass es eigentlich keinen Grund gibt, sich dauernd zu streiten, sondern dass es wichtiger ist, das Leben gemeinsam zu genießen, solange man sich hat.

In meiner Klasse trauen sich nicht alle, mich zu fragen, wie es mir geht, weil sie nicht wissen, wie sie mit mir umgehen können. Sie könnten mich einfach fragen. Manche tun das auch. Und wenn es nicht alle tun, ist es schließlich auch o.k., ich bin ja auch nicht mit allen befreundet.

Aber ich freue mich, wenn mich Menschen nach meiner Schwester fragen. Ich erzähle gerne von ihr, weil das ja auch ein Teil ist, den ich von mir erzähle.

Nach der Schule möchte ich Kinderkrankenschwester werden. Ich möchte gerne anderen Kindern helfen, die in der gleichen Situation sind wie meine Schwester, weil ich jetzt weiß, wie es ihnen und ihren Familien geht. – Naja und wenn das nicht klappt, möchte ich etwas mit Kunst machen, denn ich kann wirklich gut malen, das habe ich geerbt und das würde ich auch gern weitergeben in meinem Leben, vielleicht aber auch einfach als Hobby.

Es gibt einen Raum in mir, der ist heilig, das spüre ich. Heilig ist ein schönes altes Wort. Wir benutzen es fast nicht mehr. In der Kirche wird es noch benutzt, aber ich finde, es ist nicht nur für die Kirche. Es ist auch für unser Innerstes. Da ist ein heiliger Raum, den ich immer betreten kann, wenn ich will. Es ist egal, ob ich das beten nenne oder ob ich einfach sage, ich besinne mich auf mich selbst. Wenn ich ganz tief in diesen inneren Raum gehe, dann merke ich, dass es dort weiter ist, als ich bin, und vielfältiger und heller und anders. An diesem Ort bin ich ganz ich und ich bin auch so, wie ich mich nicht kenne. Vielleicht verbunden mit etwas Göttlichem. Das Göttliche stelle ich mir so weit vor wie die Weite, die ich spüre, wenn ich in mich hineingleite. – Ich denke, dass ich mich beim Sterben ganz in diesen inneren Raum zurückziehen werde, und je tiefer ich mich hineintraue, desto weiter wird er. Weiter und weiter, bis ins Unendliche. Sterben ist Ins-Unendliche-Gehen, unendlich sein, unendlich anders, unendlich weit, unendlich ich und alles.

Junge, 15 Jahre alt

Wir sind durch ihn verbunden

Sophie, 25 Jahre, Tod des älteren Bruders mit 18 Jahren

Mein Bruder Lukas ist vor zehn Jahren gestorben. Er ist mein älterer Bruder. Damals war ich 15 und er war 18. Außer ihm habe ich noch drei Geschwister: eine ältere und eine jüngere Schwester und einen jüngeren Bruder. Wir waren in dem Urlaub, in dem Lukas starb, zwischen acht und 20 Jahre alt. Vor seinem Tod waren wir eine sehr lebendige, bunte, kulturell und interkulturell interessierte Familie. Das sind wir heute wieder. Wir haben auch Gastgeschwister aufgenommen und haben außerdem einen wirklich großen Verwandtenkreis.

Wir alle hatten und haben viele Hobbys. Jede und jeder von uns spielt ein Instrument. Die Musik war uns wichtig. Wir haben viel zusammen musiziert und sind auch gemeinsam aufgetreten. Heute ist das auch wieder so – es hat aber eine Zeit gedauert, bis die Musik unsere ganze Familie wiedergefunden hat.

Lukas war mir nah, wie alle meine Geschwister. Weil er der Nächstälteste war, haben wir auch einiges miteinander geteilt, uns z. B. beim Feiern auf Feten getroffen. Er war ein in sich ruhender Mensch, der vieles mit sich selbst ausgemacht hat. Aber wir hatten ein inniges Verhältnis und ich hab sehr zu ihm aufgeschaut. Er ist halt mein großer Bruder.

Das empfinde ich auch heute noch so. Auch wenn ich jetzt schon viele Jahre älter bin, als er jemals geworden ist, bleibt er mein großer Bruder und ich bin nach wie vor die Jüngere von uns beiden.

Lukas ist bei einem Familienurlaub in Kroatien beim Tauchen ertrunken. Damals sind wir alle gemeinsam im Urlaub gewesen, auch noch ein paar Freunde waren mit. Wir wissen nicht genau, wie es zu seinem Tod kam. Es kann sein, dass er hyperventiliert hat, dann das Bewusstsein verlor und deshalb ertrunken ist.

Sein Freund, der mit ihm getaucht ist, kam plötzlich zu uns und sagte, er könne Lukas nicht finden. Wir dachten noch nicht an das Schlimmste. Ich kann mich nur an das Bild erinnern, als er am Strand lag und die Sanitäter Wiederbelebungsversuche gemacht haben. Meine Eltern waren bei ihm. Wir Geschwister und unsere Freunde konnten nur danebenstehen und uns selbst Halt geben. Es dauerte sehr lange, bis der Krankenwagen kam, weil wir in einem Nationalpark waren. Meine Eltern fuhren im Krankenwagen mit und unsere älteste Schwester steuerte das Familienauto mit uns allen drin. Wir fuhren hinterher und ich habe die ganze Zeit gebetet und gehofft, dass er nicht stirbt. Es war ein Wunder in dieser Situation, dass wir alle überhaupt heil im Krankenhaus angekommen sind. Dort haben wir an den Gesichtern unserer Eltern sofort erkannt, dass Lukas gestorben ist.

Das Krankenhaus war sehr anders als Krankenhäuser bei uns. Eher eine kleine Praxisklinik, wo Lukas auf einer Liege im Flug lag. Wir alle wollten ihn unbedingt sehen und berühren und konnten Gott sei Dank innerhalb der Familie von ihm Abschied nehmen. Der Schock und die Traurigkeit haben sich tsunamiartig angefühlt. Trotzdem haben wir es geschafft, alle gemeinsam ein Taizélied für ihn und für uns zu singen. Das hat uns irgendwie Halt gegeben in dem Augenblick, wir haben uns gegenseitig gespürt.

Von diesem Moment an haben wir nur noch funktioniert, gepackt, Dinge geordnet. Meine Eltern haben Papiere unterschrieben und die Überführung organisiert. Wir haben kaum gesprochen. – Das war erst zu Hause wieder möglich.

Es dauerte ein paar Tage, bis Lukas von Kroatien nach Deutschland gebracht wurde. Das war irgendwie gut, denn in der Zwischenzeit konnten wir die Beerdigung vorbereiten. Meine Mutter und wir Geschwister waren auch schon vorher in der Gemeinde aktiv und wir hatten viele Freunde und Bekannte, die die Trauerfeier mit uns gestaltet haben. Sie war sehr persönlich. Wir Kinder durften die Lieder aussuchen und haben für Lukas, der Schlagzeug spielte, mitgedacht. Im Gottesdienst hat einer von Lukas' besten Freunden auf einer Marimba, einer Art großem Glockenspiel, für ihn gespielt.

Lukas liebte Cappies und hatte deshalb viele verschiedene. Auf sein Grab haben wir einen Baum gepflanzt, an den hängten wir alle seine Cappies. Die hängen heute noch da, sind bloß etwas verwittert. Auch sein Grabstein war uns ganz wichtig. Er zeigt ein Meer mit schönem Sonnenuntergang und steht mitten in einem Muschelbeet. Aus jedem Urlaub bringen wir auch heute noch Muscheln mit und legen sie dazu. So bleibt es gleich und verändert sich gleichzeitig.

In der Zeit nach der Beerdigung war nichts. Alle haben sich irgendwie zurückgezogen, z. B. in Lukas' Zimmer, um Gerüche wahrzunehmen und noch etwas von seiner Person zu erleben. Wir haben uns Zeit gelassen, bis sein Zimmer ausgeräumt wurde. Jedes einzelne Familienmitglied hat unterschiedlich getrauert. Es war ruhig. Unsere Trauer war mit viel Stille verbunden. Gespräche kamen erst nach und nach. Vorher war das Ohnmachtsgefühl zu groß und auch der Ärger – zusammen mit anderen Gefühlen. Vor allem das Unverständnis darüber, was in so wenigen Sekunden passiert war, außerdem die Endgültigkeit, nichts daran verändern zu können, und dieser tiefe Schmerz, den Verlust dauerhaft zu spüren. Mein Vater ist ein leidenschaftlicher Musikhörer. Er hat aber in der ersten Zeit nach Lukas' Tod keine Musik hören können, wir alle haben nicht musizieren können im Haus. Es ist ruhig und bedrückend gewesen. Es war allgegenwärtig, dass jemand fehlt. Man wacht auf und der erste Gedanke erinnert einen wieder daran, was passiert ist. Man sieht die Mutter und den Vater und sieht diese starke Trauer in ihren Gesichtern. Lukas fehlt. Sein Geruch, sein Parfum, sein Schlagzeugspiel fehlt – das wird es nie wieder geben.

Meine Mutter hat früh versucht, mit uns im Gespräch zu sein. Aber ich wollte nicht immer darüber reden. Es war auch eine Form von Ärger, davon wollte ich nicht täglich in jeder Lebenslage sprechen. Nichts war wie vorher, auch wenn vieles gleich war. Nichts fühlte sich genau gleich an. Meine Eltern habe ich als extrem stark erlebt. Sie haben beide versucht, alles zu tun, damit sich keiner von uns in sich „vergräbt". Später haben wir alle gemeinsam eine Familientherapie gemacht. Meine jüngere Schwester hatte sich sehr zurückgezogen und meine ältere Schwester ist nach Australien gegangen, das war vorher schon geplant. – Trotzdem war es schwer für mich, weil ich plötzlich von der Mittleren zur Ältesten im Haus wurde. Meine Schwester in Australien, mein Bruder tot.

Die Gespräche in der Therapie taten uns allen gut, auch wenn sie oft schmerzhaft waren. Wir sprachen über vieles, was man sonst nur fühlt, ohne es auszusprechen, z. B. wie man als Geschwister untereinander aufgestellt ist, wie nah und wie entfernt man sich von welchem Geschwister fühlt, ob sich jemand ausgegrenzt fühlt und einiges mehr. Unser ganzes System Familie wurde ja durchgeschüttelt, erschüttert, neu gemischt. Es war wichtig, das aufzuarbeiten, um unsere Bindung zueinander neu spüren zu lernen.

An Lukas' Geburtstag im November und am ersten Weihnachtsfest haben wir mit den Ritualen angefangen. Jedes von uns Kindern hat einen eigenen Baum im Garten. Wir haben einen Ast von Lukas' Baum abgeschnitten und auf sein Grab gelegt. Wir haben ihm am Grab ein Geburtstagslied gesungen. Außerdem gab es Geburtstagskuchen und auch einige seiner Freunde sind gekommen. Wir haben erzählt und geweint und erzählt. Und zu Weihnachten haben wir einen geschmückten Zweig vom Tannenbaum abgeschnitten und auch zu seinem Grab gebracht. Dann haben wir ihm ein Weihnachtslied gesungen. An Weihnachten machen wir das heute noch genauso.

Lukas' Todestag ist meist mitten in der Urlaubszeit. Wenn wir es schaffen, verbringen wir auch heute noch unsere Familienurlaube im Sommer gemeinsam. Mittlerweile bauen wir dann aus Holz oder Treibgut ein Floß mit einer Kerze und lassen es raus aufs Meer schwimmen. Wenn wir es nicht schaffen, alle zusammen zu sein, machen wir eine Zeit aus, wann wir eine Kerze anzünden. Ich war auch ein paarmal nicht dabei. Dann bin ich zu der Zeit in eine Kapelle gegangen und habe ein Licht angezündet. Kerzen gehören unbedingt dazu.

An seinem Geburtstag machen wir heute Familienaktionen. Wir gehen in ein Konzert oder ein Musical oder spenden Geld für ein Projekt, das einer von uns entdeckt hat und gut findet. Jedes Jahr überlegen wir uns Dinge, die an diesen Tagen geschehen. Einige Rituale lassen wir gleich, manche kommen neu dazu. Wir verbringen auf jeden Fall an diesen besonderen Tagen Zeit miteinander, weil man an ihnen stark spürt, dass jemand fehlt. Das wollen wir nicht verschweigen oder uns zurückziehen, sondern lieber gemeinsam von Lukas erzählen, damit die Erinnerungen nicht verblassen. Natürlich weinen wir auch, aber wir lachen auch viel und haben Spaß. Diese Rituale tragen uns auch heute noch.

Etwa eineinhalb Jahre nach Lukas' Tod haben wir Geschwister begonnen, an Trauerseminaren für verwaiste Geschwister teilzunehmen. Unsere Mutter hatte die Idee. Sie und mein Vater machten schon Seminare bei den „Verwaisten Eltern e. V." und es tat ihnen gut.

Die Teilnahme an diesen Seminaren hat uns verändert. Es verändert einen, die Geschichten und Erlebnisse anderer Geschwister kennenzulernen, die sich in einer ähnlichen Situation befinden. Klar, die Anlässe sind immer unterschiedlich. Man hat jemanden verloren aufgrund eines Unfalls, eines Suizids, einer Krankheit – dennoch gibt es Gemeinsamkeiten. Egal wie jemand gestorben ist, ähneln sich die Gefühle, die man hat, und die Erfahrungen, die man mit seiner Umgebung macht. In meinem Freundes- und Verwandtenkreis gibt es z. B. niemanden, der Ähnliches erlebt hat. Das ist ja eigentlich gut, aber eben deshalb kann keiner wirklich nachvollziehen, was ich erlebt habe. Die anderen Geschwister können das. In diesen Gesprächskreisen konnten wir vieles zur Sprache bringen, worüber wir in unserer Familie nicht sprechen konnten, weil es sehr persönlich ist und weil man nicht immer bereit ist, im Alltag über so tiefe Sachen zu sprechen, die einen extrem anstrengen.

Zwei, drei Menschen aus meinem Freundeskreis haben mir wirklich geholfen in dieser Zeit, weil sie einfach da waren. Dadurch ist die Freundschaft sehr viel tiefer geworden. Ich kann mich auf sie verlassen. Andere Freunde habe ich verloren. Sie wussten nicht mit der Situation umzugehen und haben sich eher distanziert.

Mit den Jahren hat sich die Trauer verändert. Sie ist auch nicht mehr täglich da. An den besonderen Tagen ist sie stärker. Aber das Gefühl, dass jemand fehlt, wird ein Leben lang bleiben.

Ich hab mal gelesen, dass viele Familien so etwas nicht heil überstehen. Unsere Familie hat es sehr gut überstanden. Wir haben alle ein gutes Verhältnis zueinander, wir spüren untereinander, wie wichtig wir uns sind, deswegen teilen wir vieles. Ich weiß nicht, wie das ohne Lukas' Tod gewesen wäre. Eigentlich hat dieses Ereignis uns stärker zusammengebracht. Wir haben in den Jahren nach seinem Tod ein anderes Gefühl füreinander entwickelt.

Ich weiß nicht, wie ich gewesen wäre, wenn Lukas nicht gestorben wäre. Die Person, die ich jetzt bin, bin ich durch alles, was vorher war, und dazu gehört auch Lukas' Tod. Vielleicht hat sich das Gefühl vertieft, dass ich mehr für andere Menschen tun, mehr zurückgeben möchte von dem, was ich alles bekommen habe. Ich möchte später gerne in Entwicklungsländern arbeiten. Ich war vorher schon sehr an meinen Mitmenschen interessiert. Jetzt gehe ich beruflich in die erziehungswissenschaftliche und soziale Richtung. Ich finde auch den Therapiebereich sehr spannend und kann mir vorstellen, später in diesem Bereich zu arbeiten, um meine Erfahrungen einfließen zu lassen und anderen Menschen helfen zu können – mit einem gewissen Abstand natürlich.

Ich denke noch oft an Lukas, fühle ihn ganz unterschiedlich. Wenn ich mich konzentriere, kann ich noch spüren, wie sich seine Umarmung angefühlt hat. Ansonsten spüre ich ihn in meinem Alltag nicht mehr. Ich wohne nicht mehr zu Hause. Wo ich bin, hat er sich nie befunden. Trotzdem gibt es eine Verbindung zu ihm. In Ruhezeiten kann ich diese Verbindung bewusst aufnehmen und in Gedanken mit ihm kommunizieren.

Ich habe keine Angst vor dem Sterben, solange es friedlich ist und man nicht alleine ist. Ich hoffe, dass Lukas vor seinem Tod nicht so große Angst hatte, dass er wirklich ohnmächtig war. Ich lebe jetzt bewusster, weil ich weiß, wie schnell der Tod eintreten kann. Niemand weiß, wann der Zeitpunkt für einen gekommen ist.

Ich glaube, dass es irgendwo in irgendeiner Form weitergeht. Ich habe die Hoffnung, dass man sich wiedersieht – diesen Gedanken finde ich sehr wichtig, damit die Endgültigkeit nicht so stark ist.

Wie meine Geschwister das sehen, weiß ich nicht. Ich weiß nur, dass Lukas uns miteinander verbindet. Häufig müssen wir uns nur anschauen und empfinden das Gleiche. Das ist toll, wie er es durch seinen Tod geschafft hat, dieses Gefühl der Verbundenheit herzustellen.

Wir haben alle verschieden getrauert und unterschiedlich verarbeitet, was geschehen ist. Man kann die eigene Art zu trauern niemandem aufzwingen. Trotzdem finde ich es wichtig, dass man innerhalb einer Familie nicht die Verbindung zueinander verliert. Wenn einer in ein Loch fällt und sich abschottet, sollte man ihn da nicht lassen, sondern es einfach immer wieder versuchen, in Kontakt zu kommen, irgendwie, auch wenn es nicht auf Anhieb funktioniert.

Was ich noch gelernt habe, ist, dass es wichtig ist, vieles, was man spürt, wirklich auszuleben. Ich hätte mir gewünscht, dass ich mich getraut hätte, meine Gefühle stärker zum Ausdruck zu bringen, z. B. in der Schule. Das würde ich heute anders machen und das rate ich auch anderen, denen Ähnliches passiert: dass ihr nicht versucht, angepasst und unauffällig zu sein, sondern eure Gefühle rauslasst. Und wenn ihr in einem Moment keinen Bock habt, dass ihr dann aufspringt und rausgeht und sagt: „Ich brauch jetzt einfach mal zehn Minuten Ruhe!“

Ich werde hören ohne Ohren, sehen ohne Augen, spüren ohne Haut, fühlen ohne Herz, naja, riechen wahrscheinlich nicht, aber wahrnehmen, was ist, alles viel vielfältiger, als ich es jetzt kann. Es gibt so viele Arten, schon diese Wirklichkeit hier zu sehen. Wenn ich eine Biene bin, nehme ich sie vollständig anders wahr, als wenn ich ein Luchs bin, als wenn ich ein Grashalm bin, als wenn ich ein Mensch bin. Alles Viele geht dann gleichzeitig. Gleichzeitig ist überhaupt ein gutes Wort. Alle Zeiten sind dann immer jetzt. Nicht mehr in der Zeit sein, ist wie in allen Zeiten auf einmal sein, einfach sein, keine Fragen, nur spüren in alle Richtungen – ach, diese dummen Worte, Richtung stimmt auch schon wieder nicht, weil sie Raum voraussetzt … Ich werde anders sein, als alle meine Worte und Gedanken es beschreiben können. Ich werde sein, vielleicht nicht mehr das Ich, was ich hier definiert fühle, vielleicht werde ich das Sein sein – ein Teil davon und alles gleichzeitig. Das Sein wird immer sein. Und so werde auch ich immer sein.

Mädchen, 14 Jahre alt

Von Bauchhimmelkindern und Kraftfamilien

Jimena, 12 Jahre, Tod der jüngeren Schwester mit vier Jahren

Jimena lernte ich kennen, als ich 1997 als junge Lehrerin für Deutsch als Fremdsprache an einer peruanischen Schule zu unterrichten begann. Es war eine landessprachliche Schule mit verstärktem Deutschunterricht. Die Klassen setzten sich zusammen aus Kindern mittelständischer Familien aus Lima und einigen begabten Kindern aus den Armenvierteln rund um den Schulstandort. Diese Kinder hatten kulturell sehr unterschiedliche Hintergründe, da ihre Familien aus verschiedenen Regionen der Anden und des Urwalds kamen.

Als Einstiegsübung werden im Unterricht in Deutsch als Fremdsprache oft Fragen nach Name, Alter, Familie und Anzahl sowie Alter der Geschwister gestellt. Während die Kinder der limenischen Familien in der Regel ganz normal Anzahl und Alter der Geschwister mitteilten, antworteten viele Kinder mit anderem regionalen Hintergrund in etwa so: „Ich heiße Maria und bin elf Jahre alt. Ich habe sechs Geschwister, vier im Himmel und zwei auf der Erde. Drei sind jünger als ich und drei sind älter. Ich bin genau in der Mitte. Ich habe zwei Brüder und vier Schwestern."

Ungefähr ein Drittel der Schülerinnen hatte bereits ein oder mehrere Geschwisterkinder verloren. Sie schienen das ganz normal zu finden. Kein Wunder: Die Säuglingssterblichkeit zu dieser Zeit lag in nichtstädtischen Gebieten Perus bei mehr als 30 Prozent und die Kindersterblichkeit bis zum Alter von sechs Jahren ebenfalls bei 30 bis 40 Prozent.

Als ich später besser Spanisch sprach, habe ich in meinen neuen Klassen genauer nachgefragt und die Mädchen haben sehr offen ihre Geschichten erzählt. Stellvertretend für viele möchte ich hier Jimenas Geschichte erzählen, so, wie ich sie in Erinnerung habe. Es kann sein, dass ich ihre Geschichte mit denen anderer verknüpfe. Ich habe damals keine Geschichte ganz aufgeschrieben, sondern nur Notizen gemacht. Sicher bin ich aber, dass ich die Namen ihrer Geschwister nicht mehr so genau behalten habe. Um des Erzählens willen haben einige hier trotzdem Namen:

„Ich heiße Jimena und bin 12 Jahre alt. Ich habe acht Geschwister, vier Jungen und vier Mädchen, drei älter als ich, fünf jünger als ich, vier im Himmel und vier auf der Erde. Ich bin das vierte von neun Kindern meiner Eltern.

Mein jüngster Bruder ist Juan José. Er ist ein Bauchhimmelkind und nur vier oder fünf Monate alt geworden. Meine Mutter hatte gerade erst angefangen, seine Bewegungen zu spüren, als er uns auf dem Blutweg wieder verlassen hat. Aber ihre Brüste waren schon fest geworden und schmerzten und manchmal musste sie sich morgens übergeben und ihr Bauch war auch schon etwas runder als sonst. Also wussten wir, dass wir ein neues Geschwisterkind erwarteten. Juan José hat den Blutweg nachts genommen und meine Mutter und mein Vater haben ihn mit Wasser gespült, angesehen und gemerkt, dass es ein Junge ist. Mein Vater konnte ihn in einer Hand halten und hat uns erzählt, dass er ein wenig wie ein Fisch und ein wenig wie ein winziges Menschenjunges aussah. Dann haben sie ihn noch eine Zeit lang auf den Bauch meiner Mutter gelegt. Sie haben ihn Juan José genannt und seinen Namen geflüstert. Dabei ist Clara aufgewacht, die ja auch im Bett der Eltern schläft, und sie durfte den Bruder sehen und hat ihn gestreichelt. Nach einiger Zeit haben sie sich von ihm verabschiedet und ihn gesegnet und dann hat mein Vater ihn auf dem Friedhof unseres Viertels begraben, auf dem Feld für die Bauchhimmelkinder. Das ist kein Friedhof, auf dem man begraben wird, wenn man ganz normal stirbt, im Krankenhaus oder so, weil man dann ja schon registriert ist. Auf unserem Feld für die Bauchhimmelkinder liegen nur unsere unregistrierten Geschwister. Es ist mehr wie ein Garten. Meine Eltern haben ihn nachts begraben und kein Foto von ihm gemacht, wie sie das sonst tun, wenn eines meiner Geschwister stirbt. Sie haben gesagt, dass man erst Fotos machen kann, wenn die Sonne das Kind gesehen hat und das Kind die Sonne. Ich war traurig, dass ich mich nicht von ihm verabschieden, ihn nicht kennenlernen durfte, und habe Clara beneidet. Sie hat uns beschrieben, dass seine Haut flaumig war wie ein Fellchen und dass er so klein war, dass ganz klar war, dass er hier auf der Erde nicht leben kann.

Am nächsten Tag sind alle Freundinnen meiner Mutter zum Weinen gekommen und wir haben alle mitgeweint und gesungen und noch mehr Blumen auf das Himmelsfeld gebracht. Als mein Vater von der Arbeit nach Hause kam, hat er vor dem Essen Juan José gedankt, dass unsere Kraftfamilie nun fast genauso groß ist wie unsere Erdenfamilie. Er hat gesagt, dass das ein gutes Gleichgewicht ist und dass er jetzt anfangen kann, sich darauf zu freuen, auch in den Himmel zurückzugehen, irgendwann.

Wir haben uns ein wenig erschreckt, denn wenn ein Erwachsener zu den Ahnen zurückgeht, ist das viel schlimmer, als wenn ein Kind geht. Ein Erwachsener ist verantwortlich für seine Familie. Mein Vater ist verantwortlich für uns. Wenn er nicht mehr arbeitet, werden wir nicht satt und können nicht zur Schule gehen. Aber er hat uns beruhigt und gesagt, dass er jetzt noch nicht sterben will. Aber er hat keine Angst mehr davor, weil seine Himmelsfamilie jetzt schon so groß ist und seine Eltern auch schon dort sind, und dass er sich freut, ihnen eines Tages wieder zu begegnen.

Vor Juan José ist lange niemand mehr bei uns gestorben, außer Oma und Opa und einigen Tanten und anderen Verwandten. Wir sind immer zum Weinen und zum Singen gegangen und konnten sie anschauen, berühren und uns verabschieden, bevor sie auf dem registrierten Friedhof begraben wurden. Die Friedhofsfeste an Allerheiligen wurden immer größer und länger.[1] Ich war froh, dass niemand von uns gestorben ist, weil es schwer ist, sich von seinen Geschwistern zu verabschieden, auch wenn es gut ist, dass die Kraftfamilie im Himmel wächst.

Ich habe den Tod kennengelernt, als unsere Schwester Maria zu den Ahnen gegangen ist. Vorher kannte ich ihn nur vom Erzählen, weil vor meiner Geburt schon mein ältester Bruder gestorben ist – er war auch ein Bauchhimmelkind und der Bruder, der direkt vor mir geboren wurde – er hatte einen Unfall und ist ertrunken. Meine Mutter ist nach ihm lange nicht wieder schwanger geworden und dann hat sie sich sehr gefreut, als ich gekommen bin. Ich habe noch eine ältere Schwester, die lebt, und einen jüngeren Bruder und zwei jüngere Schwestern, die nach mir und Ma-

1 In Peru ist es wie in Mexiko und regional auch einigen anderen Ländern Lateinamerikas üblich, dass an Allerheiligen (1. November) die gesamten Großfamilien auf die Friedhöfe gehen und an den Gräbern ihrer Lieben picknicken. Das Lieblingsessen der Verstorbenen wird mitgebracht. Die gesamte Familie singt und tanzt nach der Lieblingsmusik der Verstorbenen und später nach eigener Musik. Sie erzählen sich gegenseitig Geschichten aus dem Leben der Verstorbenen. Wenn man als Ausländer an diesem Tag auf den Friedhof geht, wird man überallhin eingeladen, mitzuessen und zu feiern und den Geschichten über die Verstorbenen zu lauschen.

ria geboren sind und leben. In unserer Familie erzählen wir viel von den gestorbenen Geschwistern. Unsere Mama erzählt und wir denken uns aus, wie es ist, mit ihnen zu spielen. Und manchmal spielen wir, wir wären auch tot und würden anstatt auf der Erde in unserer Kraftfamilie bei den Ahnen leben und immer mit unseren anderen Geschwistern zusammen sein. Das ist sehr schön und am Schluss verabschieden wir uns von ihnen, weil wir ja wieder zurückmüssen. In unseren Spielen wachsen unsere Geschwister mit uns mit, weil sie nicht immer so klein bleiben können wie sie gestorben sind, denn sonst könnte man ja mit Juan José und mit meinem ältesten Bruder niemals spielen.

Wenn wir Fotos machen von unserer Familie, dann sind immer die Fotos oder die Namensschilder (bei den Bauchhimmelkindern) mit auf dem Foto drauf, weil das sonst ja nicht unsere ganze Familie zeigt. Aber weil es Fotos sind, bleiben sie immer gleich alt. Das stimmt eigentlich im Gefühl nicht, aber wir haben eben nur diese Fotos. Die Fotos halten immer die Kinder, die vor dem gestorbenen Kind geboren wurden. Das Namensschild meines ältesten Bruders hält also meine Mutter. Er hatte ja noch kein älteres Geschwisterkind. Das Foto meines zweiten Bruders hält meine ältere Schwester und das Foto von Maria halte ich.

Maria ist meine nächstjüngere Schwester, sie ist mit vier Jahren gestorben. Ich war fast sechs und wir haben den Tag immer zusammen verbracht. Wir haben mit den anderen Kindern gespielt, uns mit Mama um das Essen gekümmert und ich habe ihr alles gezeigt, wie sie es machen muss. Ich habe ihr gezeigt, wie man die Kartoffeln sauber reibt, wann das Wasser zu heiß ist, um es anzufassen, wie man rückwärtsgehen kann, wie man das Gleichgewicht hält, wenn man über einen Stamm balanciert, wie man dem Fluss beim Waschen nicht zu nahe kommt, wie man die kleinen Erdbeben vorfühlen kann und dann aufwacht und rausläuft und dass sie nicht schlimm sind, sondern unsere Freunde. Wenn es nämlich viele kleine Erdbeben gibt, kommt kein großes. Ich habe ihr gezeigt, vor welchen Hunden sie Angst haben sollte und vor welchen nicht, und wie sie die anderen verscheuchen kann. Wir haben zusammen Holz gesammelt und ich war stolz, weil ich immer die Ältere war und ein wenig mehr konnte als sie. Und wir haben zusammen in Mamas und Papas Bett geschlafen und immer die ganze Nacht gekuschelt und uns gegenseitig die Ohren zugehalten, wenn Mama und Papa sich geliebt haben.

Irgendwann hat sie Kopfschmerzen bekommen. Erst mal ab und zu und dann immer öfter. Wir haben immer noch gespielt. Wir mussten ja noch nicht in die Schule. Aber sie ist immer schneller müde geworden und wollte dann nicht mehr mitspielen, sondern schlafen. Meine Schwester hat nicht geweint, nur gequengelt und als sie immer öfter gequengelt hat, ist meine Mama mit ihr zum Arzt gegangen. Erst mal nur zum Arzt im großen Dorf und der hat ihr Medikamente gegen die Schmerzen gegeben. Die haben zuerst auch geholfen und wir waren zufrieden. Aber dann wurden Marias Schmerzen wieder schlimmer und der Dorfarzt hat sie mit Mama nach Lima in ein großes Krankenhaus geschickt. Sie sind fast drei Wochen weggeblieben. Das war eine schwere Zeit, weil meine älteste Schwester nicht zur Schule konnte, sondern für uns kochen musste. Meine Tante ist gekommen und hat geholfen und mein Vater hat sich sogar dreimal einen Tag arbeitsfrei genommen, um nach Lima zu fahren. Als sie wiederkamen, waren alle sehr traurig. Maria hatte etwas in ihrem Kopf, wie ein kleiner Ball, der immer größer wird. Die Ärzte konnten ihn nicht herausnehmen und sie musste ganz starke Medikamente nehmen, damit er nicht so schnell größer wird. Davon wurde sie so müde, dass sie den ganzen Tag nur geschlafen hat und sich übergeben musste. Und immer, wenn sie wach war, hat sie gesagt, dass sie nach Hause will und zu mir. Die Ärzte wollten, dass sie viel länger bleibt, aber sie wollte nach Hause und meine Eltern haben gefragt und gefragt.

Dann haben sie irgendwann verstanden, dass die Medikamente ihr Leben nur etwas länger machen können, nicht wirklich lang, weil der Ball in ihrem Kopf einer ist, gegen den es noch keine Medizin gibt. Er wächst einfach immer nach, auch wenn er ab und zu vielleicht ein wenig kleiner wird. Außerdem waren die Medikamente sehr teuer. Papa hat gesagt, wenn sie sehr teuer sind und nicht wirklich helfen und Maria nach Hause will, dann können sie auch gleich alle nach Hause gehen. Und so hat Maria nach Hause nur Medikamente mitbekommen, die dafür gesorgt haben, dass sie nicht so starke Kopfschmerzen hat.

Als sie nach Hause gekommen sind, haben sie uns alles erzählt und gesagt, dass die beiden Brüder im Himmel eine neue Spielkameradin haben möchten und Maria bald zu ihnen gehen wird. Maria hat gelacht und gesagt, dass sie sich freut, sie kennenzulernen. Aber manchmal hat sie auch geweint. Sie hat mich immer gefragt, ob ich nicht mitkommen könne, dann hätte sie gar keine Angst. Aber ich habe ihr gesagt, dass wir uns leider nicht aussuchen können, in welcher Welt wir leben. Das sucht sich das Leben aus. Und ich habe ihr auch gesagt, wenn ich es aussuchen könnte, würde ich mit ihr gehen. Insgeheim war ich schon immer neugierig darauf, meine Brüder kennenzulernen, besonders den, der ertrunken ist. Über ihn hat Mama so viele Geschichten erzählt, weil er viel angestellt hat, und wir mussten immer lachen. Ich habe Maria diese Geschichten immer wieder erzählt, damit sie sich an ihn gewöhnt, und ihr gesagt, dass er auf sie achtgeben wird. Und außerdem sind ja Oma und Opa auch schon da und passen auf, dass er nicht zu viel Quatsch macht. Der Gedanke an Oma hat Maria getröstet. Sie war erst ein paar Monate davor gestorben. Maria und ich waren an den Tagen, an denen Mama arbeiten gegangen ist, fast immer bei ihr. Maria hatte Oma sehr lieb. Also habe ich ihr noch mehr Geschichten davon erzählt, wie es sein wird, wieder bei Oma zu sein. Die Geschichten habe ich ihr meist nachts erzählt, weil sie nicht so gut schlafen konnte. Tagsüber haben wir noch ein paar Wochen fast normal gespielt. Maria musste sich zwar viel ausruhen, aber sonst haben wir alles wie immer gemacht. Papa hat sich immer einen Tag in der Woche freigenommen, damit wir mit der ganzen Familie Ausflüge machen konnten. Er hat gesagt, dass wir gemeinsam genießen, dass Maria noch hier bei uns ist, und sie durfte sich immer aussuchen, wo wir hinfahren und was sie essen wollte und welche Lieder er singen sollte. Und an den Abenden haben wir gemeinsam Geschichten erfunden von den Brüdern im Himmel und von Oma und Opa und wie alles dort sein wird. Papa hat Maria gesagt, dass wir uns von hier aus nur ausdenken können, was sie dort tut und wie es ihr geht. Dass sie uns aber vom Ahnenort aus immer sehen kann und wissen wird, was wir tun und wie es uns geht. Wir gehen ihr also nicht so verloren, wie sie uns verloren geht. Deshalb werden wir auch trauriger sein, sie zu verlieren, als sie sein wird, uns zu verlassen. Und Maria hat mit großen Augen zugehört, sich gefreut und uns aufgezogen, dass wir dann nichts mehr heimlich tun können, weil sie alles sieht, und wir mussten erst lachen und dann alle zusammen weinen.

Irgendwann konnten wir keine Ausflüge mehr machen. Maria konnte nicht mehr spielen und hat fast nur noch geschlafen. Ich habe viel gemeinsam mit ihr im Bett gelegen und ihr Geschichten erzählt und Mama hat uns vorgelesen.

Auch die Tanten und andere Verwandte, Cousinen und Cousins sind aus den Nachbardörfern gekommen, um sich von ihr zu verabschieden. Sie haben ihr Grüße aufgetragen an ihre Kraftfamilien. Das waren so viele Grüße, dass Maria sie sich irgendwann nicht mehr merken konnte. Papa meinte, das wär nicht so schlimm, wichtig wäre nur, dass sie hier schon merken kann, dass sie dort eine wirklich große Verwandtschaft hat.

Das Gute an Marias Ball im Kopf war, dass wir vorher wussten, dass sie beim Schlafen sterben würde. In den Tagen vor ihrem Tod wachte sie nur noch selten auf und flüsterte mir oft zu, dass sie im Traum schon mit ihren Brüdern gespielt hat und dass Oma mich grüßen lässt. Ich hatte das Gefühl, dass sie schon mitten auf dem Weg zum Ahnenort ist. Sie hat fast nichts mehr gegessen und nur ganz wenig getrunken. Nachts haben wir beide aneinandergekuschelt zwischen Mama und Papa geschlafen, nicht mehr neben ihnen. Das war wie in einem Nest. Und eines Nachts hat meine kleine Schwester einfach aufgehört zu atmen. Ich habe es erst am Morgen gemerkt, weil ich sie noch im Arm hielt, sie sich aber anders anfühlte als sonst. Ihre Haut war kühler. Am Abend davor hatte sie Fieber und war unruhig gewesen. Jetzt war sie ganz ruhig und lächelte. Ich habe sie lange gestreichelt und im Dämmerlicht des Morgens angesehen. Dann habe ich meine Eltern geweckt, meine Mama erst und dann meinen Papa. Dann haben wir meine ältere Schwester geweckt und sie ist auch mit ins Bett gekommen und wir haben Maria angesehen und gestreichelt. Jeder durfte sich nochmal neben sie legen und ihr das Haar aus der Stirn pusten. Wir haben erst leise geweint und dann lauter und wir haben uns alle ganz fest gehalten. Es ist ja schön, wenn die Kraftfamilie wächst. Man merkt aber eben auch, dass die Erdenfamilie kleiner wird und Kraft verliert.

Deshalb haben wir uns ganz fest gedrückt, um uns gegenseitig zu zeigen, dass wir uns halten können.

Mama hat uns in diesem Augenblick erzählt, dass sie wieder schwanger ist und dass sie glaubt, dass sie einen kleinen Jungen im Bauch hat. Wir haben uns gefreut und waren traurig zugleich, weil Maria ihn nun nicht mehr auf der Erde kennenlernen würde. Aber Papa hat auch gelacht und gesagt, sie hätte ja im Himmel schon zwei Brüder, deshalb sei es gut, wenn einer jetzt auch auf der Erde lebt.

Später haben wir Maria gewaschen und ihr ihr liebstes Kleid angezogen. Ich durfte ihre Haare kämmen und dann sind die Nachbarn zum Verabschieden gekommen. Sie haben duftende Kräuter um sie herumgelegt und wir haben gemeinsam gesungen und geweint. Weil wir sie noch einen Tag lang bei uns haben wollten, haben wir dem Arzt ihren Tod erst am nächsten Morgen gemeldet. Weil Maria registriert war, wurde sie am Nachmittag abgeholt und am Abend auf dem großen Friedhof begraben, dort, wo auch mein Bruder schon liegt und meine Oma und mein Opa.

Ich konnte nicht allein zum Friedhof gehen, weil man mit dem Bus hinfahren musste und das Geld kostete. Die ersten Tage, als Maria weg war, wollte ich nur dorthin und meine Tante ist immer mit mir gefahren. Aber dann habe ich in einer Nacht von Maria geträumt und sie hat mir gesagt, dass ich nicht immer zum Friedhof muss, um mit ihr zu sprechen. Ich habe gesehen, dass sie bei meinen Brüdern angekommen ist, und sie hat mir gesagt, dass sie bei mir ist und fühlen kann, wie sehr ich sie vermisse, und dass sie mich auch sonst fühlt. Nach diesem Traum bin ich mitten in der Nacht aufgewacht und habe meine Eltern geweckt, um ihnen den Traum zu erzählen. Sie haben geweint und waren sehr zufrieden. Dann haben sie mich fest in die Arme genommen und so sind wir wieder eingeschlafen.

Seitdem vermisse ich Maria zwar immer noch, aber je länger ihr Tod zurückliegt, desto stärker spüre ich, dass sie bei mir ist. Ich spüre das viel stärker, als dass sie nicht mehr hier ist. Eigentlich habe ich durch Maria erst verstanden, was eine Kraftfamilie ist, weil ich ja vor ihr außer Oma und Opa noch keinen Gestorbenen so gut kannte wie sie. Erst bei ihr spüre ich richtig, dass ich eine Kraftschwester habe. Wenn ich traurig bin, gehe ich auch heute noch an unsere Lieblingsplätze und erzähle ihr, was mich traurig macht, erinnere mich an sie und an uns hier auf der Erde und weine etwas und dann bekomm ich wieder Kraft. Ich spüre, dass wir verbunden sind und dass sie mir nicht verloren gehen kann und ich ihr auch nicht.

Ich heiße Jimena und bin 12 Jahre alt. Ich habe acht Geschwister, vier Jungen und vier Mädchen, drei älter als ich, fünf jünger als ich, vier im Himmel und vier auf der Erde. Ich bin das vierte von neun Kindern meiner Eltern."

Du musst dich mit dem Leben versöhnen. Wenn du immer mit ihm streitest, kommst du nicht weit. Nicht hier in meinem Land. In Sambia sterben wir alle früh, viel früher als ihr. Wir bekommen mehr Kinder als ihr. Wir bekommen sie, weil wir das Leben wollen. Gut, manche von uns bekommen sie auch, weil sie nicht verhüten, aber das ist etwas anderes. Wir Frauen wissen, dass wir vielen Kindern Leben geben müssen, damit einige wirklich leben können. Wenn ich das sage, spreche ich von meinen Ahnenkindern, nicht von denen, die hier herumspringen, wie du siehst. Diese hier kennen ihre Geschwister. Wir erzählen oft von ihnen und sie wissen, dass sie ohne sie nicht die wären, die sie sind. Eine Familie besteht immer aus allen Mitgliedern, den Lebenden und den Verstorbenen. Eine Familie ist wie ein Netz, jeder Knoten ist wichtig, damit das gesamte Netz hält. Und es ist auch wichtig, dass alle, soweit es das Bewusstsein eines Menschen überhaupt erlaubt, alle Knoten kennen, denn sonst wissen sie nicht, in welcher Weise sie verbunden sind.

Luyando, 31 Jahre

Das ist mein Bruder

Juna, 3 Jahre, Tod des älteren Bruders mit 12 Jahren, vor ihrer Geburt (erzählt von ihrer Mutter)

Ursprünglich wollte ich viele Kinder haben, mindestens sieben, aber da bei Lucián, meinem Erstgeborenen, bald eine lebensbedrohliche Erkrankung diagnostiziert wurde und mich das Leben mit ihm ganz in Anspruch nahm, habe ich diesen Wunsch erst einmal zurückgestellt.

Als er starb, war mein Kinderwunsch wieder da. Aber ich musste damit einen langen Weg zurücklegen, bis es wirklich der Wunsch wurde, wieder Leben zu geben. Ich machte mich auf die Reise. Vier Jahre lang. Auf meiner Reise haben mir viele Menschen geholfen. Freunde und Weggefährten aus allerhand Nationen und mit allerlei Berufen und Berufungen haben meine Verstehens- und Wunschübungen begleitet.

Zuerst musste ich mich von dem Wunsch verabschieden, Lucián wiederzubekommen, eine Art Ersatz für ihn zu schaffen. Das war nicht so einfach, weil ich zunächst gar nicht verstanden habe, dass mein dringendes Sehnen, wieder ein Kind zu gebären, zu einem riesigen Teil aus dem Vermissen des Kindes bestand, das ich schon gekannt, in meinen Armen gehalten und wachsen gesehen und mit meinem ganzen Sein geliebt hatte.

Wichtig war, diesen Wunsch genau kennenzulernen und bewusst und ehrlich mit ihm umzugehen. Wenn ich mich nach dem Ersten sehne, wie kann ich dann die Zweite wirklich willkommen heißen?

Nach fast drei Jahren schließlich hat mich ein Schmetterling gestreift. Eine Schwangerschaft – wie zur Übung, für drei Monate. Eine winzige Berührung. Der Herzschlag ist nicht zustande gekommen. Es war ein Seelchen da, das direkt wieder abgehoben ist. Das gehörte mit zu meiner Reise, war eine Berührung auf dem Weg, wieder Mutter zu sein für ein neues Kind mit offenem Herzen.

Ich war zu diesem Zeitpunkt sehr froh, doch noch kein Kind zu bekommen. Das hätte ich damals noch nicht geschafft, meine Reise war noch nicht zu Ende.

Ein Jahr später hat sich Juna dann auf den Weg zu mir gemacht. Ich habe sie gesehen in einer Art Traum, wie einen Diamanten, der ganz von selbst zu mir kommt. Und erst, als sie unterwegs war, kam das Bewusstsein für Lucián wirklich wieder. Während ihrer Geburt habe ich sehr an ihn gedacht und ihn gespürt. Mit einem breiten Grinsen auf dem Gesicht. Er hat sich so gefreut.

Obwohl ich wusste – vom Lesen einer Unmenge an Literatur, vom Familienstellen und anderen Übungen –, dass es wichtig ist, dem lebenden Kind das verstorbene nicht vorzuenthalten, hatte ich Juna gegenüber eine Art schlechtes Gewissen. Lucián war Vergangenheit und Juna war Gegenwart. Zwar habe ich damals Fotos von Lucián herausgeholt, aber es kam mir verkehrt vor. Ich dachte, Juna ist noch winzig klein, sie weiß gar nicht, dass sie einen Bruder hat, sie hat eigentlich nichts damit am Hut. Außerdem erschien es mir müßig, einer Neugeborenen von ihrem verstorbenen Bruder zu erzählen. Und so lebte ich mit ihr im Jetzt und Hier.

Als sie ungefähr ein Jahr alt war, begannen die Schwierigkeiten. Sie kam in die erste von diversen Trotzphasen und hat mich häufig bis zur Weißglut gereizt. Sie war fordernd und ich war überfordert, wurde oft ungeduldig und ärgerlich und später wütend mit ihr. Ich hatte mich nicht mehr wirklich im Griff. Manchmal schrie ich sie an und musste mich sehr zurückhalten, um nicht handgreiflich zu werden.

Ich verstand mich selbst nicht mehr. So kannte ich mich nicht, mit dieser Wut. Lucián war ein sehr folgsames Kind gewesen. In meiner Erinnerung hatte er immer aufs Wort gehorcht. Es musste an Juna liegen, nicht an mir. Als sich diese Situationen häuften, habe ich mir Hilfe geholt bei einem lieben Freund und Familienaufsteller, der auch Lucián noch kannte. Er hat Juna, ihren Vater und mich aufgestellt. Es wurde deutlich, dass ich fast nicht anwesend war. Ich bin aus dem Bild herausgeschweift, habe in eine andere Richtung gesehen, meine Tochter nicht angeschaut, ich war weg. Das hat sie verunsichert. Sie hat versucht, alles zu tun, damit ich sie sehe, ohne Erfolg.

An diesem Punkt hat der Familienaufsteller Lucián ins Bild geholt und die Geschwister haben sich an die Hand genommen. Wir alle atmeten auf.

Ich bekam die Aufgabe, Juna jeden Morgen zu sagen, dass ich zwei Kinder habe. Juna und Lucián. Das war erst einmal ein sehr merkwürdiges Gefühl und ich musste über meinen Schatten springen, um es auch wirklich zu tun. Aber die Schattensprungübungen halfen mit der Zeit. An ihrer Reaktion habe ich es schnell gemerkt. Sie guckte mir klarer in die Augen. Unser Verhältnis wurde immer besser. Bis heute nimmt Juna die Flasche und dann kuscheln wir und ich sage ihr dabei: „Ich habe zwei Kinder, den Lucián und die Juna. Lucián und Juna." Wenn ich wütend wurde, sagte ich mir das leise vor – und wenn es nicht half, auch laut – und dann ging die Wut weg. Ich verstehe nicht wirklich, warum das so ist. Irgendwie sickert so mehr in mein Bewusstsein, dass sie ein Kind ist, das lernt, Mensch zu sein, und dass ihr Verhalten zu diesem Lernprozess gehört. Und vielleicht ist es das Bewusstsein, dass ich schon einmal ein Kind großgezogen habe und dass ich das kann, was mir hilft, mit ihrem Verhalten geduldig und liebevoll umzugehen.

Heute erzähle ich ihr fast jeden Tag von Lucián. Ich lasse es spielerisch überall einfließen. Wir haben mehr Bilder von ihm an unsere Wand gehängt – ihre und seine direkt nebeneinander. Oft bleibt sie vor einem Bild stehen und sagt: „Das ist mein Bruder." Das ist sehr ergreifend. Manchmal sagt sie auch: „Der Lucián ist noch klein. Ich nehme ihn auf den Arm." Vielleicht mache ich demnächst ein Fotobuch von den beiden, denn sie liebt es, Bilder von ihm und von sich anzuschauen.

Es gibt auch immer noch alltägliche Berührungen. Mein Vater geht oft mit ihr zu Luciáns Grab und erzählt ihr von ihm. Wenn wir seine Enkel und Urenkel aufzählen, beginnen wir immer mit Lucián: „Lucián war der Erste, dann kam …" Wenn wir Menschen treffen, die Lucián noch gekannt haben, sage ich zu ihr: „Das ist eine Freundin von Lucián. Hier, das ist ein guter Freund von Lucián." Und dann strahlen beide.

Vor einiger Zeit hat sie mich gefragt: „Mama, wo wohnt der Lucián?" Ich habe ihr geantwortet, dass er früher bei mir gewohnt hat und jetzt im Zeitlosraum wohnt. Das Wort haben wir aus „Tavias Reise", einem Kinderbuch, wo ein kleiner Oktopus herausfindet, wie Sterben geht. Im Zeitlosraum ist auch die Schwester von Junas Papa und Juna war traurig, als sie starb. Aber sie fand es gut, dass sie dort mit ihrem Bruder zusammen ist.

Es ist wirklich unglaublich, Lucián war für mich nach drei bis vier Jahren gefühlsmäßig weit entfernt und durch diese Familienaufstellung ist er wieder richtig da – wie eine Art Erlaubnis. Das ist sehr schön. Mit Juna ist so auch Lucián wiedergekommen. Ich habe so sehr darüber getrauert, dass ich ihn nicht mehr berühren konnte, nicht mehr riechen. Wenn ich heute Juna umarme, spüre ich, dass sie sich ganz anders anfühlt, und dadurch erinnere ich mich, wie sich Lucián angefühlt hat. Durch sie sind beide ganz hier.

Noch etwas Schönes ist passiert. Als Lucián getauft wurde, hat meine Tante für ihn ein Konto angelegt. Als er starb, war schon eine Menge Geld darauf. Nach seinem Tod hat sie es auf mich übertragen und als Juna geboren wurde, hat sie gefragt, ob sie es jetzt auf sie übertragen darf. Juna ist also Luciáns Erbin. Sie ist jetzt schon reicher als ich und wenn sie 18 ist, kann sie eine Weltreise von diesem Geld machen. Ihr Bruder hat es ihr vererbt.

Ich habe Juna diesen Namen gegeben, weil er im Bretonischen „die Langersehnte" bedeutet. Vor einiger Zeit erfuhr ich, dass er in einer anderen Sprache „kleine Schwester" heißt.

Eltern verändern Perspektiven

Geschichten von dem, was wirklich wichtig ist

Der Tod des eigenen Kindes ist meist das Schlimmste, was man sich als Mutter oder Vater überhaupt vorstellen kann. Wenn das eigene Kind stirbt, stirbt nicht nur das Kind und seine Zukunft, sondern auch ein Teil der eigenen Zukunft. Ein Teil von dem, wofür man als Mensch, der ein Kind zur Welt gebracht und großgezogen hat, lebt und gelebt hat. Es geht einem nicht nur das Kind, sondern häufig auch der eigene Lebenssinn verloren. Die Zukunft als Familie, so wie sie gewünscht, geplant und gewachsen war, ist nicht mehr in gleicher Weise möglich. Wenn das einzige Kind stirbt, scheint sogar das gewachsene Selbstverständnis als Mutter oder Vater in Gefahr.

Warum fällt uns der Umgang mit dem Sterben so schwer?

Anders als in vielen Ländern der Welt ist die Säuglings- und Kindersterblichkeit in Deutschland durch unsere außergewöhnlich guten wirtschaftlichen, hygienischen und medizinischen Verhältnisse auf unter ein Prozent zurückgegangen. Noch zu Beginn des 20. Jahrhunderts starb jedes zweite Kind vor Erreichen des achten Geburtstags, fast jedes dritte vor Erreichen des ersten. Deshalb war es nicht ungewöhnlich, dass Eltern sechs bis zehn Kinder hatten, damit ungefähr die Hälfte überlebte. Der Umgang mit dem Tod innerhalb der engsten Familie war vertraut und gehörte zum Leben der Überlebenden selbstverständlich dazu. Fast jedes Kind und jeder Erwachsene hatten schon den Tod eines jungen Familienmitglieds miterlebt. Sie konnten deshalb den Verlusten in anderen Familien mit Achtsamkeit und Respekt begegnen und die Betroffenen unterstützen.

Der Verlust eines Kindes ist in den westlichen Industrienationen extrem selten geworden. Durchschnittlich eine von

100 Familien verliert ein Kind (Kinder, die während der Schwangerschaft sterben, sind hier nicht mitgezählt). Weil aber Eltern im Durchschnitt nur ein bis zwei Kinder haben, ist die soziale Bedeutung des einzelnen Kindes immer stärker gestiegen. Deshalb wird der Verlust umso schmerzhafter, regelwidriger, unnatürlicher und sinnloser empfunden.

Hinzu kommt, dass wir in Deutschland im Durchschnitt nur noch alle 15 bis 20 Jahre überhaupt einen Todesfall im engsten Familienkreis erleben – und diesen meist nicht zu Hause, sondern eher in Krankenhäusern oder Heimen. Wir können also den eigenen Umgang mit dem Sterben und die gegenseitige Unterstützung in solchen Situationen immer weniger üben. Das gilt besonders für den Umgang mit dem Sterben von Kindern. Die Trauer der Eltern ist für Außenstehende (die auch nahe Verwandte sein können) oft kaum nachvollziehbar. Die Angst, dass ihnen Ähnliches geschehen könnte, verhindert oft, dass Menschen aus dem Umfeld sich in die Situation der trauernden Eltern einfühlen und aktiv ihre Hilfe anbieten. Aus Hilflosigkeit schweigen sie und vermeiden es, den Eltern zu begegnen. Nicht zuletzt deshalb gehen Freundschaften in die Brüche. So sind die Eltern mit ihrem Verlust sowohl während des Sterbeprozesses als auch nach dem Tod des Kindes oft sehr allein. Dieses – nachvollziehbare – Unverständnis von Menschen, die nicht das Gleiche erlebt haben, kann bizarre Züge annehmen: Eine Mutter, deren Sohn vor einigen Jahren starb, erzählte mir von einem Gespräch, bei dem ein Mediziner sie erstaunt und leicht tadelnd fragte: „Wie, Sie trauern immer noch um Ihren Sohn?“ Woraufhin sie ihm schlagfertig antwortete: „Er ist doch auch immer noch tot, oder?“

Das Sterben eines Kindes ist für seine Eltern eine große und vielschichtige Lebensaufgabe, auf die sie sich kaum vorbereiten können: Besonders zwischen kleinen Kindern und ihren Eltern ist die Bindung sehr eng. Sie gehört zum biologischen Überlebensprogramm des Menschen. Alle Energie richtet sich gegen den Verlust dieser Bindung. Deshalb ist es vollkommen natürlich, wenn Eltern sich mit aller Kraft gegen die Unausweichlichkeit des Sterbens wenden und es weder fassen können noch wollen. Das Gefühl, ihr eigenes Kind nicht vor dem Tod schützen zu können, stellt unbewusst ihre Fähigkeit, gute Eltern zu sein, infrage. Aus dieser Befindlichkeit wachsen oft Verzweiflung und Wut sowie der Wunsch, lieber selbst zu sterben und das eigene Leben gegen das des Kindes einzutauschen. Wenn Geschwisterkinder diesen manchmal laut ausgesprochenen Wunsch hören, können sie verständlicherweise in Angst geraten und sich fühlen, als seien sie weniger wert als das sterbende Kind. Manchmal wird erst sehr viel später klar, dass dieser Wunsch nichts über den Wert der Bindung zum gesunden Kind aussagt, sondern ein Zeichen dafür ist, dass Eltern den drohenden Verlust nicht zulassen können.

Unterstützung nach der Diagnose

Rationale Erklärungen in Form von ärztlichen Diagnosen helfen Eltern in diesen Situationen meist sehr wenig. Das Gehörte ist zunächst kaum ins Leben zu integrieren. Hilfreich können Gespräche sein, in denen Mediziner geduldig und feinfühlig erklären, wie das Kind in der verbleibenden Zeit möglichst schmerzfrei leben kann. Wenn es darum geht, die Lebenssituation des Kindes zu verbessern, finden sich fast immer offene Elternohren.

In Kinderhospizen können Eltern anderen Eltern begegnen, die bereits ein Kind verloren haben oder länger Zeit hatten, sich an die Diagnose einer lebensbedrohlichen Erkrankung zu gewöhnen. Eltern mit schwerst mehrfachbeeinträchtigten Kindern, die sich seit deren Geburt mit ihrem frühen Sterben beschäftigen, setzen oft andere Prioritäten in ihrem Leben und können Menschen, die die Auseinandersetzung mit dem Sterben des eigenen Kindes gerade neu betrifft, sehr unterstützen. Menschen, die bereits ein Kind verloren haben, können von ihrem Überleben nach dem schmerzlichen Verlust berichten oder von der Lebenseinstellung, die ihnen geholfen hat und hilft, ihr Kind beim Sterben zu begleiten. Sie können die Eltern, denen die Situation neuer und fremder ist, ermutigen, jeden Augenblick mit ihrem Kind zu genießen, auch in dieser schweren Zeit Dinge zu sehen, die schön sind, und sogar ab und zu bewusst stärkende Dinge für sich selbst zu tun.

Mit der Diagnose beginnt bereits die Trauer über den möglichen Verlust des Kindes. Ab diesem Zeitpunkt befindet sich das Leben der gesamten Familie im Ausnahmezustand. Alles verändert sich, die kleine innerfamiliäre Welt verlagert ihren Mittelpunkt und beginnt, sich um das erkrankte Kind zu drehen. Fast alles andere, was das Familienleben davor bestimmt hat, wird dem untergeordnet. Bereits an dieser Stelle hilft es erfahrungsgemäß sehr, wenn nahe Verwandte und Freunde nicht wegschauen, sondern die neue Situation erkennen und ihre Unterstützung anbieten.

Wissen während des Sterbeprozesses

Sobald Eltern oder zumindest ein Elternteil den Gedanken zulassen, dass ihr Kind sterben könnte, sind auch die sterbenden Kinder und Jugendlichen oft wie befreit. Sie spüren das manchmal selbst dann, wenn es nur innerlich geschieht. Sie trauen sich plötzlich, Fragen zu stellen und Ideen zu entwickeln, die der ganzen Familie helfen können, offen über die Situation ins Gespräch zu kommen. Manche dieser Ideen tragen die Eltern und Geschwister noch weit über den Tod des Kindes hinaus. Außerdem können die Kinder so ihren engsten Vertrauten von ihren Ängsten erzählen. Sie können in der Offenheit der Situation vielleicht auch Wünsche äußern, Kleinigkeiten, die sie gern noch erleben möchten. Einige dieser Wünsche erfüllen zu können, macht das Leben der Eltern und der gesamten Familie vor wie nach dem Sterben leichter, weil alle das Gefühl haben, dass ihnen wirkliche Unterstützung gelungen ist.

Viele Eltern haben Angst, dass das Sprechen über die Möglichkeit des Sterbens dieses sozusagen herbeiführt. Aber davon, dass wir über etwas sprechen, was möglich ist, stirbt niemand. Wir heben nur die Isolation dieser Ängste auf. Bis das Thema offen angesprochen wird, ist jedes beteiligte Familienmitglied in gewisser Weise einsam und muss mit seinen Fantasien, Ängsten und Sorgen allein fertig werden. Einmal ausgesprochen, kann die Kraft der Familie wieder wirken: „Ja, das Schlimmste kann passieren, aber wir werden es gemeinsam tragen und zusammenstehen." Auch braucht man sich nach meinen Erfahrungen keine Sorgen zu machen, dass Kinder und Jugendliche eine ehrliche Antwort auf ihre Fragen nicht verkraften. Wenn wir ihre Fragen zulassen und uns an diesen Fragen orientieren, können wir wenig falsch machen. Wenn sie grundsätzlich sicher sind, dass sie fragen dürfen, fragen Kinder und Jugendliche erfahrungsgemäß immer zur für sie genau richtigen Zeit die richtige Person im gerade für sie ertragbaren Maß.

Viele Kinder und Jugendliche brauchen unmittelbar vor ihrem Sterben noch einmal eine Art „Erlaubnis“. Die Erlaubnis, ihre Eltern verlassen und allein weitergehen zu dürfen. Eltern berichten, dass ihr Kind erst gestorben sei, nachdem sie innerlich gefühlt oder sogar ausgesprochen hatten, dass es nun in Ordnung sei, wenn das Kind geht, dass es nun allein weitergehen darf und dass sie ihm das zutrauen. Viele Eltern geben diese Zusage vor dem Sterben instinktiv. Auch das zeigt wieder, dass das Sterben und das Begleiten des Sterbens zu unserem Leben dazugehören, dass wir es können, wenn wir auf unsere Intuition hören, dass es eine Fähigkeit ist, die wesentlich zu unserem Menschsein gehört.

Die kostbare Zeit zwischen Tod und Abschiedsfeier

Wenn dann das Unausdenkbare wirklich geschehen und das Kind gestorben ist, ist es gar nicht so leicht, für sich selbst zu wissen, was man nun tun kann. Viele Eltern berichten, dass es ihnen sehr geholfen hat, sich ganz in Ruhe von ihrem Kind und gerade auch vom Körper ihres Kindes zu verabschieden. Oft hätten sie sich diese Freiheit ohne Hinweise von Krankenschwestern oder Pflegedienstpersonal gar nicht genommen. Das Zeitgefühl kann innerfamiliär sehr unterschiedlich sein: Manche haben das Gefühl, sich mit dem Abschied beeilen zu müssen oder zu wollen, andere brauchen Stunden oder Tage, ohne die Zeit wirklich zu realisieren. Auch für die Geschwister ist es oft gut, das verstorbene Geschwisterkind möglichst unmittelbar nach seinem Sterben schon zu sehen. Da fühlt es sich noch ganz nah an und sieht aus, als ob es schläft. Wenn sie es in den kommenden Tagen öfter betrachten, merken sie, dass sich der Körper leicht verändert. So wird der endgültige Abschied von dem so vertrauten Körper leichter, weil er nach und nach geschieht. In dieser Phase hilft erfahrungsgemäß alles, was man selbst tun und mitgestalten kann. Die Geschichten dieses Kapitels erzählen bewusst auch davon.

Die Abschiedsfeier individuell zu gestalten, hilft dabei, das Geschehene zu verarbeiten: Lieblingslieder des Verstorbenen und der Geschwister oder Familie finden, gemeinsam schöne Texte suchen, dem Veranstalter der Trauerfeier vom Leben des Kindes bzw. Jugendlichen erzählen. Fotos zusammenstellen, die auf der Abschiedsfeier gezeigt werden können, die Aufgaben auf alle, die mithelfen möchten, verteilen ... es gibt unendlich viele Ideen, den Abschied persönlich zu gestalten. Auch Lehrerinnen und Lehrer und Klassenkameraden können fragen, ob sie etwas zur Abschiedsfeier beisteuern dürfen. Meist wird dies von den Eltern sehr wertschätzend aufgenommen und hilft sowohl der Familie als auch der Klassengemeinschaft beim Abschiednehmen. Viele Familien tragen die Bilder dieser besonderen Feier, wenn sie als gelungen und dem verstorbenen Kind angemessen empfunden wird, das ganze Leben als Schatz in ihrem Herzen.

Wieder ins Leben wachsen

Für Angehörige und Freunde gilt während der Krankheits- und Sterbezeit im Wesentlichen das Gleiche wie in der unmittelbaren Zeit nach dem Sterben und eigentlich immer wieder in den kommenden Jahren: Das Einzige, was man falsch machen kann, ist, sich nicht mehr bei der betroffenen Familie zu melden oder zu erwarten, dass irgendwann „zu Ende getrauert" ist. Alles andere – Hilflosigkeit, Unsicherheit und Fragen – ist erlaubt und wird gut verstanden. Auch die Eltern und Geschwister sind hilflos und unsicher in ihrem neuen Lebensgefühl. Die einfache Frage, wie man helfen kann, wird in dieser Zeit auf ganz unterschiedliche Arten beantwortet werden, Ideen werden ganz unterschiedlich ankommen – aber sie werden immer als Zuwendung empfunden. Egal, ob man (auch schon in der Krankheitszeit) anbietet zu kochen oder einzukaufen, ein paar Zeilen schreibt, einen Besuch macht und einfach gemeinsam schweigt, die Einladung ins Kino 20 Mal alle 14 Tage wiederholt und auch beim 21. „Nein“ nicht aufgibt. Alles ist besser, als sich aus mangelnder Übung mit solchen Situationen von der betroffenen Familie abzuwenden.

Die Eltern werden in der Zeit nach dem Tod ihres Kindes erleben, dass keiner in der Familie seiner Trauer genau den gleichen Ausdruck gibt wie der oder die andere. So verschieden wir Menschen sind, so verschieden trauern wir. Das zu akzeptieren und auch große Unterschiede als andere Form der Trauer anzunehmen, ist das Kunststück. Auf Eltern, die noch weitere Kinder haben, kommt nun die Aufgabe zu, ihnen wieder mehr Zeit und Zuwendung zu schenken, ohne sie plötzlich „in Watte zu packen“ oder aus Ängstlichkeit ihre Freiheiten einzuschränken. Die neue Familie muss sich ihre Form für dieses Leben nach dem Sterben erst erfinden. Es gibt keine bereits gekannte Normalität mehr. Der ganze Alltag fühlt sich anders an und alle Beteiligten müssen erst in ihn hineinwachsen. Das braucht Zeit und oft viele Gespräche. Wenn Eltern mit dem verstorbenen ihr einziges Kind verloren haben, können sie in tiefere Identitätskrisen geraten. Auch wenn sie eindeutig Eltern und eine Familie sind, werden sie von außen nun wieder überwiegend als Paar wahrgenommen. Zudem erinnern sie sich gegenseitig fast pausenlos an den Verlust. Oft kommt es zur Trennung, weil es nun kein „drittes Element“ mehr gibt, das beide umsorgen können. Auch wenn eine Trennung im Raum steht, ist es gut, sich nicht aus Hilflosigkeit unmittelbar nach dem Tod des gemeinsamen Kindes zu trennen, sondern sich zunächst einmal Zeit zu nehmen, gemeinsam zu spüren, welch großen Verlust man erlitten hat. Der Partner, der dasselbe erlebt hat, ist der Einzige, der die ganze Tiefe des eigenen Schmerzes nachfühlen kann, weil er ihn selbst in sich trägt. Er ist also auch der Einzige, mit dem man wirklich gemeinsam trauern kann. Wenn es gelingt, sich in dieser Situation wieder als Paar in den Blick zu nehmen und den Schatz zu spüren, den das tiefe gemeinsame Erleben des Sterbewegs in sich birgt, dann tun sich manchmal ganz neue Wege und gemeinsame oder unterschiedliche Ziele auf, die die Partnerschaft wieder vertiefen können.

Unterstützung finden

Eine Selbsthilfegruppe der „Verwaisten Eltern e. V.", die es mittlerweile fast in jeder Stadt gibt, zu besuchen, kann oft sehr helfen. Es gibt meist auch Väter- und Müttergruppen, in denen sich fast jeder durch die vergleichbaren Situationen verstanden fühlen und sehr viel für das Hineinwachsen in die neue „Normalität" lernen kann. Nicht zuletzt mit sich selbst Geduld zu haben. Eltern können sich in diesem Kontext manchmal leichter bewusst machen, dass es für ein Weiterleben mit ihren Erfahrungen nicht darauf ankommt, die Erinnerung an das verstorbene Kind „loszulassen" und auf diese Weise das Kind noch einmal zu verlieren. Es geht vielmehr darum, das verstorbene Kind auf andere Weise als vorher ins eigene Leben zu integrieren. Erinnerungsorte und Rituale zu schaffen, an denen und durch die man sich einzeln oder als Familie mit dem verstorbenen Kind besonders verbunden fühlen kann, Geburtstage und Jahrestage des Sterbens in besonderer Weise zu feiern etc.

Während des gesamten Sterbeprozesses und im Anschluss daran haben Kinder und Jugendliche, deren Geschwister sterben, zudem ein gesetzliches Anrecht auf psychotherapeutische Unterstützung. Oft kann diese durch die Psychoonkologen der behandelnden Klinik vermittelt werden. Die Eltern, denen meist bewusst ist, dass sie den Geschwisterkindern gerade nicht die notwendige Fürsorge geben können, können ihre gesunden Kinder unterstützen, indem sie mit ihnen nach therapeutischen Gesprächsangeboten suchen. Auch ihnen selbst steht während des Sterbeprozesses und nach dem Tod ihres Kindes therapeutische Unterstützung gesetzlich zu.

Viele Eltern, die ein Kind verloren haben, verändern sich dadurch sehr. In ihrem Leben bekommt Wesentliches mehr Raum, als das vor dieser Erfahrung der Fall war. Ihre Prioritäten verschieben sich. Viele möchten verantwortungsbewusster und dankbarer im Augenblick leben, als sie es bislang getan haben. Andere möchten ihre Erfahrungen weitergeben. Von diesen Veränderungen und ihren oft langen Wegen erzählen die folgenden Geschichten.

Für dieses Kapitel habe ich gute Hinweise in folgender Literatur gefunden:
Mechthild Ritter: Wenn ein Kind stirbt. Hilfe und Orientierung für Eltern, Geschwister und Begleitende. Gütersloh 2011.
Hildegard Bargenda/Kerstin Lammer/Jens Terjung (Hg.): Kostbare Zeit – Was Eltern erleben, wenn ihr Kind stirbt. Elterninterviews, Praxisberichte und eine wissenschaftliche Reflexion von Kerstin Lammer. Göttingen 2013, 135–177.

Es ist ein bisschen wie Verzaubertwerden. Ich verwandle mich dann. Wie die Raupe in einen Schmetterling. Die denkt ja auch, sie muss sterben, und dann wird sie plötzlich ganz neu. So verwandle ich mich.

Mädchen, 6 Jahre alt

Ich möchte eine Blume sein und du pflückst sie und stellst sie in die Vase. Und wenn sie verwelkt ist, schmeißt du sie auf den Kompost. Und dann wird sie Erde und aus ihr wächst nicht nur eine Blume, sondern eine ganze Wiese. Ich bin dann die Wiese und du liegst drauf und die Sonne scheint dir ins Gesicht.

Mädchen, 7 Jahre alt

Du hast deine Spuren hinterlassen

Hauke, Tod des Sohnes nach neun Monaten im Mutterleib durch Plazentaablösung

Ich bin mit drei Geschwistern und vielen Kindern in der Nachbarschaft aufgewachsen. Von jeher war für mich klar, dass ich später auch einmal Kinder haben wollte. Zum Abschluss der vierten Klasse sollten wir einen Aufsatz schreiben: „Wie ich lebe, wenn ich erwachsen bin." Bereits dort lässt sich dieses Zukunftsbild nachlesen. Natürlich habe ich es dann nicht eins zu eins verfolgt, sondern es waren eher die Werte dieser Familien-Vision, die mich geprägt haben: für jemand anderen da sein, Liebe weitergeben, aber sicher auch mich in den Kindern weiterleben sehen.

Als ich Christine, meine spätere Frau, kennenlernte, waren gemeinsame Kinder zunächst nicht im Fokus unserer Beziehung und auch kein Bestandteil von Christines Zukunftsvision. Irgendwann sagte sie mir, dass sie noch nie einen Mann kennengelernt habe, mit dem sie Kinder hätte haben wollen. Aber dass sie es sich mit mir vorstellen könne. Spätestens ab da war der Wunsch dann präsent. Leider klappte es nicht sofort, sondern es gingen ein paar Jahre ins Land. Aus heutiger Perspektive würde ich sagen, dass dieses Wunschdenken sicher auch einen leichten Schatten auf unsere Beziehung geworfen hat. Es gab keinen Unfrieden deshalb, aber eine leichte Traurigkeit, dass es nicht so schnell ging wie erhofft.

So dauerte es eine ganze Weile, bis Christine schließlich schwanger wurde. Die Schwangerschaft war für mich eine seltsame Phase, voller Vorfreude, aber dennoch ein wenig distanziert, weil ich die Erfahrungen, die Christine in der Begegnung mit dem werdenden Kind machte, nicht nachempfinden konnte. Aber die Liebe und der Stolz wuchsen mit jedem Zentimeter Bauchumfang.

Der Tag, an dem Frederik stirbt, ist ein Montag. Am Abend davor haben wir den 70. Geburtstag meiner Mutter gefeiert, in lustiger Runde, und haben beim Nachhausekommen noch Fotos von dem sich schon enorm wölbenden, kugelrunden Bauch gemacht. Jetzt musste es bald losgehen. Morgens bin ich wie immer zur Arbeit gefahren. Christine blieb mit dem Kugelbauch im Bett. Irgendwann im Laufe des Vormittags ruft sie mich an: Im Bett sei überall Blut. Sie habe schon den Notarzt gerufen. Ob ich auch schnell kommen könne. Sie wisse auch nicht genau, was los sei. Als ich zu Hause eintreffe, ist ein Rettungswagen da. Der Notarzt kommt eine Weile nach mir, ist aber mit der Situation überfordert. Mein Anruf bei der Hebamme bestätigt die sich breitmachende Besorgnis: sofort ins Krankenhaus!

Christine wird immer schwächer, als sie die Treppe heruntergetragen wird. Mir wird heiß und kalt, aber ich lasse die Angst nicht zu, ich muss ja funktionieren. Und ich verstehe nichts von dem, was hier passiert, bin total verunsichert. Frederik ist zwar unser erstes Kind, aber ist eine beginnende Geburt so blutig?

Mit dem gepackten Klinikkoffer in der Hand folge ich dem Rettungswagen zum Krankenhaus. Das fröhlich-beruhigende Zureden des Aufnahme-Personals löst verzweifelte Wut bei mir aus. Als ich in der Geburtsstation ankomme, wird Christine gerade von der Trage auf ein Krankenbett gehievt, sie ist jetzt kaum mehr bei sich. Dabei lösen sich Blutklumpen, sogenannte Koagel. Das Blut schießt aus ihr heraus. Die zuständige Ärztin reagiert sofort und schreit die ganze Station zusammen: Sectio! Sectio! Christine und Frederik verschwinden hinter den OP-Türen, mir selbst wird schwindelig, schwarz vor Augen. Ich wanke in das Schwesternzimmer und lege mich da auf die erstbeste Bank. Die Angst übermannt mich, und mir wird endgültig bewusst, dass hier irgendetwas richtig schiefläuft. Der Notarzt steht bleich in der Tür und versucht mir zu erklären, was er glaubt, was hier passiert. Ich sage ihm, er soll aufhören.

Zeit vergeht. Sie ist wie taub. Eine Schwester begleitet mich in einen freien Kreißsaal. Die Zeit steht still. Irgendwann steht eine Hebamme mit traurigem Blick vor mir: Sie konnten meine Frau retten (was!?), aber nicht mein Kind (was???). Alles bricht zusammen. Chaos in mir. Wer redet denn hier vom Sterben?! Komplikationen, o.k., aber deshalb stirbt doch niemand! Doch nicht bei einer Geburt, hier in Deutschland! – Ob ich mein Kind sehen möchte? Natürlich!

Sie bringt mir Frederik in ein Tuch gewickelt. Er ist warm und weich, ein vollkommenes, frisch geborenes Baby. Mein Sohn. Ich fühle einen noch nie erlebten Schwall von Liebe, Freude und Stolz in mir aufsteigen, der alles überströmt, alles mitreißt, selbst den Deckel aus Schmerz und den Verstand, der sagt: Du darfst dich jetzt nicht freuen. Für einen Augenblick vergesse ich, dass Frederik tot ist. Die Liebe ist vollkommen, Frederik ist noch ganz nah.

Einen Arm um ihn gelegt, liege ich auf dem Kreißsaal-Bett. Wieder vergeht Zeit. Aus Frederiks Körper entweicht die Wärme und seine Seele langsam aus dem Raum. Ich bin wieder allein.

Irgendwann wird Christine noch schlafend in den Kreißsaal geschoben. Ich bin bei ihr, als sie aufwacht. Sie kann kaum reden, aber will wissen, was passiert ist. Frederik ist tot. Sie atmet flach. Ihr Gesicht verzieht sich, doch sie ist zu schwach, um zu weinen. Zu schwach, um ihn zu sehen. Zu schmerzvoll für Worte.

Wir haben das Glück, im Krankenhaus hervorragende Unterstützung zu finden. Die Hebamme betreut uns mit offenem Herzen und legt uns nahe, Fotos von unserem Sohn zu machen und ihn in den kommenden Tagen so oft zu sehen, wie es uns guttut. Einen Tag nach der Geburt fühlt sich Christine so stark, dass sie Frederik sehen möchte. Ich hole ihn, und wir haben ihn eine ganze Weile nur für uns allein. Es fühlt sich an wie unser Kind, auch wenn er bereits gegangen ist. In den kommenden Tagen wiederholen wir das Ritual noch mehrere Male – auch mit den Großeltern und mit meiner Schwägerin. Frederik wird ein Strampler angezogen, der zu Hause schon für ihn bereitlag. Mein Bruder schenkt ihm sein Kindheits-Kuscheltier, als wir Frederik dem Bestatter übergeben.

Die Tage im Krankenhaus nehme ich als sehr intensive Paar-Zeit wahr. Auch wenn oder gerade weil Christine sehr mit den Folgen der hektischen Operation zu kämpfen und weitere Eingriffe zu ertragen hat, bin ich sehr froh, bei ihr sein zu dürfen. Schon zwei Tage nach Geburt und Tod können wir auch wieder lachen. Frederik ist tot, aber wir haben uns. Was der eigene nahe Tod auch für Christine bedeutet hat, kann ich damals noch nicht wahrnehmen. Ich bin nur froh, dass ich sie noch habe.

Bei der Trauerfeier im Familienkreis drei Wochen nach Frederiks Tod verzichten wir auf trauriges Schwarz und lassen bunte Luftballons in den blauen Sommerhimmel steigen. Bei aller Trauer öffnet dieses Ritual mein Herz und gibt mir Luft zum Atmen. Neffe und Nichte springen im Garten herum. Sie zeigen mir, dass das Leben lebendig bleibt und es ein Morgen gibt. Frederik wird in der Grabstelle meines verstorbenen Bruders beerdigt. Der Gedanke, dass er ihn da oben in Empfang nimmt und ihm zur Seite steht, wo auch immer sie sind, hat etwas sehr Liebevolles, Tröstendes. Wir legen ein Album an, das Frederiks kurzen Weg bei uns nachzeichnet – von den ersten Schwangerschaftsanzeichen bis zum Grab. Trotz aller Traurigkeit ist es ein sehr lebendiges Album, das ich noch heute gerne und mit viel Liebe anschaue. Zur Trauerfeier schenkt uns der befreundete Pfarrer eine dicke Osterkerze aus seiner Kirche. Seitdem ist Frederik immer wieder in Form der brennenden Kerze mit in unserem Kreis – an Weihnachten, an seinem Geburtstag, an unseren Geburtstagen.

Aus den gestempelten Fußabdrücken, die im Krankenhaus gleich nach der Geburt von Frederik gemacht wurden, haben wir Abdrücke fertigen lassen. Christine trägt das Füßchen seitdem an einer Kette um den Hals, bei mir hat Frederik auf dem Ring seinen Fußabdruck hinterlassen.

In der ersten Zeit nach Frederiks Tod hat mir der Umstand geholfen, dass Frederik nicht der erste sehr geliebte Mensch war, der plötzlich aus meinem Leben verschwunden ist. Zwölf Jahre zuvor habe ich meinen Bruder bei einem Autounfall verloren. Die Begegnung mit dem Tod war also keine gänzlich neue Erfahrung für mich. Schon im ersten Schock kam mir der Gedanke: „Bitte nicht schon wieder!“ Ich hatte wohl gehofft, mit dem Verlust meines Bruders dem Tod nah genug begegnet zu sein, um ihm die nächsten mindestens dreißig Jahre aus dem Weg gehen zu können. So aber konnte ich nun besser einschätzen, was mich, was uns in den kommenden Tagen und Wochen erwartet. Der Schock, das langsame Begreifen, die unerträgliche Ohnmacht, der Trauerprozess.

Nach der Trauerfeier ging ich wieder regelmäßig zur Arbeit. Rückblickend hätte ich mir hier sicherlich mehr Zeit für mich nehmen sollen. Aber ich wollte auch, dass das Leben weitergeht, hatte das Gefühl, durch die Arbeit und den Umgang mit den Kollegen wieder Anschluss daran zu finden. Ein Stück Normalität. Zudem hatte ich das Gefühl, für uns sorgen zu müssen, da Christine auf unbestimmte Zeit in ihrer Arbeit ausfiel. Auch hier fällt es mir rückblickend schwer, die darin liegende Selbstaufgabe als für den Gesamtprozess förderlich anzusehen. Der gemeinsame Trauer- und Aufarbeitungsprozess wäre viel wichtiger gewesen, den habe ich erst viel später richtig nachgeholt.

Bereits der Tod meines Bruders hatte eine existenzielle Bedeutung für mein Leben: plötzlich erwachsen werden. Den Tod als Teil des Lebens akzeptieren. Verantwortung übernehmen, aber nicht alles ernst nehmen. Familienzusammenhalt schätzen. Freundschaften pflegen.

Frederik und sein Tod haben aber letztendlich alles verändert, das ganze Leben – auch wenn ich kurzfristig der Auffassung war, die Erfahrung sei eine Wunde, die verheilt, wie Christines Verletzungen während der Geburt. Während Christine aber aufgrund einer Nahtoderfahrung während der Plazentaablösung gar nicht mehr zurück ins „normale" Leben konnte und wollte, habe ich mich erst nach Jahren damit auseinandergesetzt, was es für mich bedeutet, kein Kind zu haben, und mich vom Lebenstraum der Familie, wie ich sie mir ausgemalt hatte, zu verabschieden. Dies hat mich auf die Fragen nach dem Sinn in meinem Leben zurückgeworfen. So habe auch ich alles infrage gestellt und tue es noch. Ich habe meine Arbeit so verändert, dass sie zu mir und meinem Leben passt und ich mich nicht verbiegen muss. Meine Freundschaften sind inniger und tiefer, viele oberflächliche Bekanntschaften haben sich verflüchtigt. Mir sind viele Dinge nicht mehr so wichtig, wie sie es früher waren, vor allem Materielles. Die Anzahl berührender Begegnungen hat seitdem enorm zugenommen. Ich rede über Gefühle und ich traue meinen Gedanken oft nicht, meinem Bauch dafür immer mehr.

Seit dieser Beschäftigung nehme ich auch Angst wahr, ein Gefühl, dessen Existenz ich früher häufig abgelehnt und das ich durch Kontrolle in Schach gehalten habe. Heute ist es gut, wenn sie auftauchen darf und ich sie wahrnehmen kann. Das gelingt mir nicht immer. Aber ich habe sie eingeladen.

Wenn ich anderen Eltern in ähnlichen Situationen etwas raten würde, dann wäre das vor allem: Nehmt euch Zeit! Redet miteinander über das Erlebte (über alles!), soviel ihr könnt. Auch wenn etwas daran den Partner schmerzen könnte. Verbringt so viel Zeit, wie ihr könnt, mit eurem verstorbenen Kind – entweder real (wie in unserem Fall in den ersten Tagen) oder in Form von Ritualen und Erinnerungen, die ihr euch schafft. Aber lasst diese nicht zum Zwang werden, sondern seid ehrlich mit euch darin, was für euch noch passt.

Seid nicht argwöhnisch untereinander – jeder hat sein eigenes Tempo und der Prozess der Verarbeitung und Trauer dauert bei jedem unterschiedlich lang. Seid rücksichtsvoll mit euch selbst. Hört nicht auf zu reden.

Frederik hat seine Spuren hinterlassen. Nicht nur auf meinem Ring, sondern an vielen Stellen unseres Lebens. Jeden Geburtstag von Frederik nehmen Christine und ich uns frei und unternehmen gemeinsam etwas Schönes wie eine Radtour, einen Ausflug – ruhige gemeinsame Zeit. Frederiks Grab besuchen wir regelmäßig, z. B. zu Weihnachten oder an seinem Geburtstag, wenn auch weniger als in den ersten Jahren.

Anlässlich Frederiks Geburtstag haben wir vor sieben Jahren damit begonnen, unsere Patenkinder (ohne Eltern) ins Auto zu packen und mit ihnen ein verlängertes Sommerwochenende am See zu verbringen. Eine schöne Tradition, die nicht nur uns das Herz bewegt, sondern auf die sich auch die Kinder (und deren Eltern) bereits lange vorher freuen. Da ist Frederik sehr präsent, auch für die Patenkinder, die nachfragen und um ihn wissen.

Wenn ich an Frederik denke, war das bewegendste, auch schönste Gefühl, das ich jemals wahrnehmen durfte, der Stolz und die Freude über meinen Sohn, als er mir nach der Geburt gebracht wurde, diese alles hinwegfegende Liebe, das Vatersein. Trotz des Schmerzes ist dieses Gefühl für mich bis heute mit viel Helligkeit verbunden. Darüber hinaus ist es die Dankbarkeit für einen Prozess der Veränderung in meinem Leben, der bis heute anhält.

Unsere Herzen sind zusammengewachsen. Du hast mich ja geboren. Wie eine Nabelschnur im Bauch, so gibt es auch eine Nabelschnur zwischen unseren Herzen. Das ist die Verbindung zwischen dieser Welt hier und meiner Welt, in der ich dann bin. Ich fühle, dass ich dich immer fühlen kann und du mich auch. Herznabelschnüre hören nicht auf zu sein, wenn das Herz aufhört zu schlagen. Sie sind aus einem anderen Material. Sie sind aus Liebe gemacht, einfach aus Liebe. Sie bleiben immer.

Junge, 9 Jahre alt

Du hast mir den Frieden gebracht

Christine, Tod des Sohnes nach neun Monaten im Mutterleib durch Plazentaablösung

Eigentlich hatte ich nie einen starken Kinderwunsch, zumindest stand es für mich nie im Vordergrund, unbedingt eine Familie zu gründen. Es gab Phasen in meinem Leben, da konnte ich mir eine eigene Familie gar nicht vorstellen. Ich hab im Laufe meines Lebens viel ausprobiert und mich von meinem Inneren leiten lassen. Beruflich wie privat standen Stabilität und Sicherheit nie sehr im Vordergrund. Ich hatte nie länger andauernde Beziehungen.

Das hat sich ein wenig verändert, als ich Hauke kennenlernte. Für ihn war sonnenklar, dass er eine Familie gründen möchte, und irgendwie konnte ich mir das plötzlich sehr viel besser vorstellen, vor allem mit ihm zusammen.

Mein Job ist mir zugefallen und unsere schöne große Altbauwohnung in Berlin auch. Jetzt war ich der Meinung, dass mir auch die Schwangerschaft so zufallen müsse. Ich glaubte tatsächlich, sie stünde mir zu. Das hat so leider nicht geklappt und unsere Beziehung wurde schon an dieser Stelle auf die Probe gestellt, genauso wie unser Sexualleben, das mehr auf die monatlichen Eisprünge eingetaktet war als auf alles andere. Zwei Jahre hat es gedauert, bis Anfang Dezember der Schwangerschaftstest endlich positiv war.

Als ich dann schwanger wurde, war ich an einem Punkt, an dem mein Job mich wirklich ausfüllte und eigentlich der Mittelpunkt meines Lebens war. Meine Werte waren, was diesen Job anging, sehr von Erfolg, Karriere und auch Pflichtbewusstsein geprägt. Ich war in einem permanenten

Planungsmodus, ich wollte die Zukunft und das Leben in der Hand und im Griff haben. Diesen Job wollte ich damals unbedingt, und als ich ihn hatte, wollte ich ihn auch unbedingt gut machen. Vielleicht wollte ich auch gegenüber meinen Eltern etwas beweisen, die mit meinem bis dahin etwas unsteten Leben nicht sehr glücklich waren.

Ich habe mich riesig gefreut. Wirklich riesig. Es war fast unvorstellbar, dass ich endlich schwanger sein sollte. Die ersten Wochen habe ich noch sehr gezittert. Als dann aber klar war, alles ist bestens, die ersten drei Monate sind geschafft, habe ich mich sehr auf das Mutterwerden eingestellt. Allerdings habe ich auch schon wieder im Planungsmodus versucht, alles, was danach kommt, im Griff zu behalten: Wie geht es dann mit dem Job weiter, wie kann ich so schnell wie möglich wieder arbeiten, wo ist der nächste und beste Kindergarten?

Als der Kleine in meinem Bauch größer wurde und ich ihn spüren konnte, gab es manchmal Situationen, in denen es mich fast erschreckte, dass da ein kleiner Mensch heranwächst. Jemand, den ich noch gar nicht so richtig kenne. Und ich war unglaublich neugierig darauf, wie dieser kleine Mensch wohl sein würde. Wir haben lange nach einem Namen gesucht und waren uns erst nach längerem Abwägen einig, dass er Frederik heißen sollte. Die Schwangerschaft, eigentlich als Risikoschwangerschaft eingeordnet, da ich schon 38 Jahre alt war, verlief ohne Komplikationen. Es gab keinerlei Anzeichen, dass irgendetwas schieflaufen könnte.

Zwei Wochen vor dem errechneten Geburtstermin hat sich ganz plötzlich und ohne Vorwarnung meine Plazenta vorzeitig vollständig abgelöst. Das ist mit immensen Blutungen verbunden und bedeutet Lebensgefahr für Mutter und Kind. Ich war eigentlich an diesem Vormittag verabredet, fühlte mich aber ziemlich schlapp und bin dann doch lieber im Bett geblieben. Etwas war anders als sonst. Da es mein erstes Kind war und ich keine Ahnung hatte, wie sich eine Geburt ankündigt, habe ich gedacht, vielleicht kommt der Kleine ja heute.

Plötzlich und ohne Vorwarnung begann ich unglaublich stark zu bluten und ich wusste in diesem Augenblick: Wenn keine Hilfe kommt, sterbe ich jetzt und Frederik mit mir. Ehrlicherweise muss ich sagen, dass der Fokus in dieser Gewissheit mehr auf meinem eigenen Leben lag als auf Frederiks. Bis dahin hatte ich den Tod in meinem Leben sehr weit von mir weggeschoben, meinen eigenen und den von anderen Menschen. Jetzt waren mein Kind und ich zusammen davon betroffen. Da ich das Telefon noch neben mir hatte, weil ich meine Verabredung abgesagt hatte, habe ich sofort den Notruf und Hauke angerufen. Der Notarzt war sieben Minuten später da. Beim Aufstehen aus dem Bett habe ich selbst bemerkt, in welch lebensbedrohlichem Zustand ich und damit auch Frederik waren. Ich weiß nicht, ob er zu diesem Zeitpunkt noch gelebt hat, denn die Plazenta hatte sich vollständig abgelöst, das bedeutet, dass das Kind keinen Sauerstoff mehr bekommt. In diesem Augenblick war ich so mit meinem eigenen Sterben beschäftigt, dass ich alle Gedanken an Frederik verdrängte.

Als ich aufgrund der körperlichen Schwäche und des hohen Blutverlusts meinen Widerstand gegen einen möglichen Tod aufgegeben hatte, mich dem ergeben hatte, was mit mir geschieht, hatte ich das, was man eine Nahtoderfahrung nennt. Mein Bewusstsein ist über den Körper hinausgeschossen. Raum und Zeit standen still, es gab keine Vergangenheit und keine Zukunft mehr. Es zog mich durch eine organische Enge hin zu einem unglaublich hellen Licht. Und ich wollte dahin, mitten in dieses Licht. Das Licht hat mich aufgesogen und ich bin mitten in dieses Licht hineingeschmolzen. In einen bis dahin nicht gekannten Frieden und in eine Stille und in eine bedingungslose Liebe. Es war ein Gefühl, wie nach Hause zu kommen, da gehöre ich hin. Es war alles gut, alles war eins.

Währenddessen wurde ich mit Blaulicht ins Krankenhaus gebracht und bemerkte die unglaubliche Aufregung, die mein Eintreffen verursachte. Ich hörte, wie die Krankenschwester rief, sie habe keine Herztöne mehr vom Kind. Und ich wusste, was das bedeutete. Und trotzdem war ich im Frieden damit. Das Gefühl war: Es wird alles gut.

Das erste Bild, das ich habe, ist Hauke, der sehr weint und Frederik auf dem Arm hat. Und der Arzt, der sich über mich beugt und sagt: „Es tut mir sehr leid, aber ich konnte für Ihren Sohn nichts mehr tun." Die Worte hörten sich an wie in einem Film. Ich realisierte sehr schnell, dass er mich meinte. Eigentlich wusste ich ja, dass Frederik nicht mehr lebt. Zurück im Körper war die Perspektive aber eine andere. Zunächst ist es nicht so richtig bei mir angekommen, ich habe den Arzt wie durch einen Schleier gehört. Später haben wir ein Zimmer bekommen und Hauke durfte mit im Krankenhaus bleiben. Wir beide im Schock, jeder auf seine Art.

Die Unterstützung, die uns im Krankenhaus zuteilwurde, war großartig. Die Hebamme hat Fotos von Frederik gemacht und auch Abdrücke von seinen Händchen und seinen Füßchen. Und sie hat uns angeregt, ihn auch selbst zu fotografieren. Auf diese Idee wäre ich in dieser Situation nie gekommen und heute freue ich mich immer wieder über das schöne Album, das wir haben. Ich nehme es sehr gern in die Hände und blättere darin.

Am Anfang hatte ich große Schwierigkeiten und wollte Frederik nicht sehen. Ich konnte mir einfach nicht vorstellen, mein totes Kind, auf das ich mich so gefreut hatte, im

Arm zu halten. Die Hebamme und die Schwestern haben mich aber sehr neugierig auf ihn gemacht, indem sie mir erzählten, wie süß er aussieht. Und so habe ich mich dann darauf eingelassen. Dafür bin ich heute wirklich dankbar. Ohne diese Begleitung hätte ich das wahrscheinlich nicht gewagt. Es war wunderschön und gar nicht schlimm, den kleinen toten Körper auf dem Arm zu halten. Das Krankenhaus war so freundlich und hat Frederik in einer kleinen Kühlzelle auf der Station behalten und so durften wir ihn in den ersten Tagen immer bei uns haben, wann wir wollten. Meine Eltern sind extra aus Süddeutschland gekommen, um ihn zu sehen. Das fand ich sehr schön. Haukes Eltern waren ohnehin vor Ort in Berlin und so haben wir uns gemeinsam verabschiedet.

Schnell war klar, dass Frederik ganz normal beerdigt werden soll. Am Anfang hatte ich überhaupt nicht daran gedacht, dass jetzt eine Beerdigung ins Haus stehen würde. Ich weiß auch nicht, was ich zu diesem Zeitpunkt erwartet habe, was mit seinem Körper passieren würde. Die Entscheidung, wo wir ihn begraben wollen, ist uns relativ leichtgefallen, weil es in Haukes Familie schon das Grab seines mit 21 Jahren bei einem Verkehrsunfall verstorbenen Bruders gab. Ich wusste für mich sehr schnell, dass ich gerne möchte, dass Frederik dort beerdigt wird. Die Trauerfeier haben wir mit der ganzen Familie gestaltet, mit einem uns vertrauten Pfarrer. Uns war wichtig, dass sie kindgerecht war. Hauke hat ein sehr schönes Kreuz gebastelt mit bunten Buchstaben darauf. Als Blumen haben wir Sonnenblumen gewählt und zum Abschied haben wir ganz viele Luftballons in den Himmel steigen lassen. Im Sarg lagen die Kuscheltiere, die wir schon gekauft oder geschenkt bekommen hatten. Damit Frederik im Grab von Haukes Bruder beerdigt werden konnte, musste eine Einäscherung erfolgen. Das war anfänglich ein kleiner Schreck, doch dann konnten wir uns gut damit arrangieren und haben eine sehr schöne blaue Urne mit goldenen Sternen gewählt. Die Urnen-Beisetzung haben später nur wir beide mit dem Pfarrer zusammen gemacht.

Was mich am meisten unterstützt hat, war, dass plötzlich so viele Menschen da waren, auch Menschen, von denen ich nicht gedacht hätte, dass sie in einer solchen Situation präsent sind. Selbst Menschen, die ich vorher nicht gekannt habe, waren da. Ich hatte zwar sehr viel verloren, aber ich habe auch sehr viel bekommen. Das wurde mir immer bewusster. Und ich wusste schon damals, ich möchte es, auf welche Weise auch immer, weitergeben.

Die Zeit danach war sehr schwer für mich. Mir ging es körperlich wirklich schlecht, ich hatte starke Schmerzen. Gleichzeitig wurde ich von heftiger Trauer und seelischen Schmerzen geschüttelt. Die Gefühle, die sich gezeigt haben, waren für mich von ungeahnter Heftigkeit. Das Gute war, dass sie so heftig waren, dass ich ihnen gar nicht entkommen konnte. Ich glaube, ich habe zum ersten Mal in meinem Leben richtig gefühlt und dabei festgestellt, wie erleichternd das sein kann.

Neben allem Schmerz hatte ich auch das Gefühl, mit der Nahtoderfahrung eine Art Geschenk von Frederik bekommen zu haben. Wie eine riesige Kiste, von der ich noch nicht genau weiß, wie sie auszupacken ist. Und ich war auf der Suche nach der Schleife, an der ich ziehen kann. Ich war ein paar Monate krankgeschrieben und habe mir dann ganz bewusst ein Jahr Auszeit genommen, um wieder zu mir zu finden. Vor diesem Erlebnis hatte ich mit dem Tod eher wenig zu tun gehabt und jetzt war er mir in ungeahnter Intensität begegnet. Nicht nur durch den Tod meines Sohnes, sondern auch, weil ich selbst beinahe gestorben wäre.

Durch die Nahtoderfahrung, durch dieses unglaubliche Geborgensein, das ich auf dieser Welt hier noch nie gespürt hatte, habe ich das Gefühl, auch mit Frederiks Tod in Frieden zu sein. Alles von mir wollte in dieses Gefühl zurück, das Gefühl des absoluten Aufgehobenseins, Gehaltenseins, Getragenseins, einer Art von Liebe und Freiheit, wie ich sie hier noch nie erfahren hatte. Ich wollte dieses Gefühl dauerhaft spüren. Damals war dieses Erleben aber unlösbar mit der Erfahrung meines eigenen Sterbens verbunden. Ich wollte eigentlich nicht sterben, aber ich wollte in dieses Licht zurück, die Verbindung dazu wiederfinden, unbedingt. Ein Leben auf dieser Welt, einfach so, wie es vorher war, schien mir unvorstellbar.

Dann begann ein weiter Weg. Zunächst habe ich eine Psychotherapie begonnen, die in der ersten Zeit hilfreich war. Mit der Therapeutin bin ich aber schnell an Grenzen gestoßen, da sie für mein Erleben mit dem Sterben wenig Verständnis hatte. Diese Begegnung mit dem Tod – in zweifacher Hinsicht – hat mein bisheriges Leben völlig infrage gestellt. Ich habe begonnen, mit einer Kunsttherapeutin zu arbeiten, denn gemalt habe ich als Kind schon sehr gerne. Eine ganze Zeit habe ich sehr viel gemalt und es sind Seelenlandschaften entstanden, die heute in meinem Flur hängen. Sie sind ein Ausdruck des Sich-selbst-Findens in der Begegnung mit dem Tod. Das war eine sehr schöne Zeit.

Die zweite Unterstützung für mich war eine spirituell-psychotherapeutische Begleitung. Diese Arbeit habe ich später in einer Ausbildung selbst gelernt und wende sie heute in meiner Praxis an. Dadurch konnte ich beides, den Tod von Frederik und mein eigenes Beinahe-Sterben, nach und nach annehmen und in mein Leben integrieren. Erst in dieser Begegnung habe ich Schritt für Schritt lernen können, dass ich nicht zu sterben brauche, um das Gefühl aus meiner Nahtoderfahrung wieder zu erleben. Ich war immer ein Mensch mit vielen Ängsten gewesen. In der Situation, in der ich am meisten Angst in meinem ganzen Leben gespürt habe, bin ich durch diese Angst hindurchgegangen. Ich hatte keine andere Wahl. Ich habe mich fallen lassen ins Unbekannte hinein, mein inneres Einverständnis zu meinem eigenen Tod gegeben und war in einer Weise aufgefangen und berührt worden wie nie zuvor. Ich habe gespürt, dass hinter und unter aller Angst das Leben wohnt, das lebendige Jetzt, ganz real und da. Ich habe gespürt, dass mir mit diesem Wissen im Jetzt eigentlich nichts passieren kann. Ich konnte die Ängste hinter mir lassen, auch meine eigenen Lebensängste: die Angst, nicht zu genügen, die Angst, letztlich nicht liebenswert zu sein, viele andere Ängste, denen ich erst einmal auf die Spur kommen musste, um sie nach und nach in das erlebte Jetzt hinein loszulassen.

Das hat mein Leben grundlegend verändert. Jeden Tag nehme ich mir Zeit, um in mich hineinzuspüren, in diese Lebenstiefe hineinzuspüren, mich mit der ungeheuren Lebenskraft zu verbinden, die uns trägt und die immer da ist. Mystiker haben sie Gott genannt, Philosophen das Sein an sich, Physiker das Universum. Der Name ist letztlich egal. Ich spüre, dass ich geliebt bin in allen Facetten meines Seins, vom Leben selbst. Ich spüre, dass ich mit dieser Liebe verbunden bin, immer. Ich weiß, dass mein Sohn in dieser Liebe aufgehoben ist und dass ich ihn nicht verlieren kann, genauso, wie ich mich selbst nicht mehr verlieren kann.

Dieser intensive Prozess hat zwei Jahre gedauert. Ob er jemals abgeschlossen ist, weiß ich nicht. Auch heute kann es passieren, dass ich traurig werde und Schmerz auftaucht. Das finde ich nicht schlimm. Es gehört alles zu meinem Leben: das, was gut gelaufen ist, und auch das, was mir zugemutet wurde. Wenn ich für meine Partnerschaft etwas gelernt habe, dann ist es auf jeden Fall dieses: Es ist wichtig, gut im Gespräch miteinander zu bleiben und sich dafür kompetente Unterstützung zu holen. Jeder verarbeitet anders und in einem anderen Tempo. Wir haben uns nach meinem Empfinden immer wieder mal verloren, auch auf längeren Strecken, jeder in seinem Gefühlschaos. Und zeitweise war es gar nicht so leicht, uns wiederzufinden.

Wir denken oft an Frederik, obwohl es schwer vorstellbar ist, wie groß er jetzt wohl wäre. Meine Verbindung zu Frederik ist sehr intensiv. Ich spüre ihn eigentlich immer bei mir. Aber nicht als kleines Kind, sondern als eine starke, sehr männliche Kraft, die mich begleitet.

Wenn mich jemand fragt, ob ich Kinder habe, erzähle ich von Frederik. Ganz normal. Jedes Kind geht seinen Weg und er ist eben diesen Weg gegangen. Und ich fühle mich als Mutter, obwohl ich mir das gelebte Muttersein nicht so richtig gut vorstellen kann.

Frederik leitet sich von Friedrich ab und das bedeutet „der den Frieden bringt“. Den hat der kleine Mann mir wahrlich gebracht. Er hat mir das größte Geschenk meines Lebens gemacht. Mein Leben, meine Arbeit und meine Werte haben sich durch diese Erfahrungen sehr verändert. Heute lebe ich im Hier und Jetzt, bin mir des Unplanbaren, das mich täglich umgibt, bewusst. Auf meinem Schreibtisch steht mein heutiges Lebensmotto, das Martin Walser so treffend formuliert hat: „Dem Gehenden schiebt sich der Weg unter die Füße.“

Es ist wie Fliegen ohne Flügel. Ich bin der Wind. Es ist wie Tauchen ohne Maske. Ich bin das Meer. Es ist wie Träumen, ohne aufzuwachen. Ich bin der Traum. Ich bin alle Träume.

Mädchen, 10 Jahre alt

Sterben verändert Leben

Andreas, Tod der 11-jährigen Tochter nach langer Leukämieerkrankung

Sina ist im Sommer 1994 zur Welt gekommen – ein heißer Sommer, in dem wir von Hamburg ins Wendland gezogen sind. Hier ist sie in einer Land-Wohngemeinschaft gemeinsam mit 15 anderen Kindern und viel Kontakt zur Natur aufgewachsen. Sie konnte früh sprechen, tanzte gern, war in künstlerischen Dingen recht talentiert und ein „richtiges Mädchen", das rosa Dinge und Diddlmäuse liebte. Die Mädchen dort, wo wir wohnten, waren zwei bis drei Jahre älter als Sina. Das hat sie geprägt. Sie hatte schon als Dreijährige ein Verständnis für Dinge, das andere in dem Alter noch nicht entwickelt haben. Allerdings war sie auch sehr starrsinnig. Wenn man mit Sina etwas geplant hat, hat sie das nicht nur gut verstanden, sondern sich auch genau gemerkt, und wenn es dann nicht genauso durchgeführt wurde, protestierte sie so lange, bis alles so lief wie vorher besprochen. Dazu passte ihr extremer Gerechtigkeitssinn. Sie hatte z. B. in der Grundschule einen Freund, Benni, der zu Hause wirkliche Probleme hatte und sich schon im Alter von acht Jahren mehr oder weniger um sich selbst kümmern musste. Während die Lehrer ihn oft für sein Zuspätkommen tadelten, verstand Sina, was es für eine Leistung von ihm war, morgens allein aufzustehen, zu frühstücken, sich anzuziehen, sich für die Schule fertig zu machen und überhaupt in der Schule zu erscheinen, und sie ärgerte sich sehr darüber, dass die Lehrerinnen das nicht sahen.

Als Sina gerade acht Jahre alt war, wurde ihr wegen anhaltender Kopfschmerzen Blut abgenommen. Die Untersuchung ergab, dass sie eine bei Kindern besonders seltene Art von Leukämie (CML) hatte, die allein mit Chemotherapie nicht heilbar war. Eine Knochenmarkstransplantation (KMT) wurde von den Ärzten zur einzig möglichen heilenden Methode erklärt.

Diese Diagnose war ein totaler Schock und veränderte unser aller Leben von einem Tag auf den anderen. Alles drehte sich um Sinas Krankheit. Erst ein Krankenhausaufenthalt mit Knochenmarksentnahme aus dem Beckenkamm. Das war furchtbar für Sina, weil sie zu früh aus der Vollnarkose aufgewacht ist und lange Horrorbilder davon mit sich herumtrug. Dann jede Woche nach Hamburg zur Blutuntersuchung. Irgendwann hasste Sina es einfach, immer gepiekst zu werden.

Wir waren alle sehr belastet. Neben unserem normalen Alltag gab es jetzt so vieles zu tun. Ich habe quasi ein Medizinstudium angefangen und mich intensiv in alles eingelesen, was es an Literatur über diese Krankheit gab. Wir machten uns Sorgen, dass wir trotz umfangreicher Recherchen nie auf einen Fall gestoßen sind, bei dem ein an CML erkranktes Kind durch eine Knochenmarkstransplantation geheilt worden wäre. Ein Arzt sagte uns am Telefon sogar klipp und klar, dass ein Kind mit CML keine Chance habe zu überleben. Und weil wir da schon wussten, dass diese Behandlung so ziemlich die schlimmste ist, die die Medizin zu bieten hat – Sina hätte auch daran schon sterben können –, begannen wir früh, uns nach alternativen Therapien umzuschauen.

Neben verschiedenen Verfahren von innovativen Onkologen, Homöopathie, Fasten und besonderer Ernährung haben wir uns auch nach traditionellen Heilmethoden umgeschaut. Dabei sind wir auf die indianische Schwitzhüttenzeremonie gestoßen, die es hier im Wendland gibt. Abenteuerlustig wie Sina war, hat sie sich darauf eingelassen, das mit mir auszuprobieren. Joe, der „Medizinmann“, hat sich sehr darum bemüht, dass Sina eine gute Erfahrung macht. Das ist ihm gelungen und wir waren beide gleich begeistert. In der Schwitzhüttenphilosophie geht es darum, sich durch Schwitzen körperlich und geistig zu reinigen und mit seinen Ahnen in Verbindung zu treten, sie um Rat zu bitten oder einfach die Verbundenheit mit allen Dingen zu spüren. Das gefiel Sina sehr und sie liebte es, gemeinsam mit Erwachsenen an dieser Zeremonie teilzunehmen. Wir waren regelmäßig dort und Sina wurde so etwas wie die Prinzessin auf dem Schwitzhüttenplatz. Es war etwas Besonderes, dass sich eine Achtjährige so diszipliniert dieser Herausforderung stellt, und sie genoss bei allen viel Respekt. Eine Teilnehmerin sagte einmal zu mir: „Deine Tochter ist ja eigentlich ein Kind, aber manchmal erscheint sie mir wie eine alte, weise Frau.“

Auch weil es sowieso praktisch unmöglich war, vor Sina etwas wirklich zu verbergen, haben wir von Anfang an sehr offen mit ihr über ihre Diagnose gesprochen. Unterstützt wurden Angelika und ich von Freunden und Sina von Schulfreunden und auch von einer Kinderpsychologin, zu der sie jede Woche ging. Ihr Bruder Jon war glücklicherweise ein ruhiges Kind, das sich recht leicht in die neue Situation einfügte. Uns als Eltern war sehr bewusst, dass wir ihm gerade in der ersten und letzten Zeit der Erkrankung nicht annähernd die Aufmerksamkeit geben konnten, die er ohne Sinas Krankheit bekommen hätte und eigentlich auch verdiente – aber unsere Kräfte waren einfach begrenzt und Jon zum Glück auf seine Art genügsam. Er war aber viel in Kontakt mit Freunden und Nachbarn.

Sina hat von Anfang an mitbekommen, dass ihre Krankheit auch Angelikas und meine Art, mit dem Leben umzugehen, veränderte. Unser Leben wurde verbindlicher und auf eine Art wahrhaftiger. Wir nahmen an Familienaufstellungen teil, um zu schauen, ob wir in unserem Familiensystem etwas finden konnten, was bei Sinas Heilung helfen könnte. Dabei lernten wir viel über uns selbst. Dadurch vertiefte sich auch unsere Partnerschaft.

Einmal sprachen wir mit Freunden über den Film „Harold and Maude“, in dem es auf hintergründig komische Weise ums Sterben und ums Leben geht. Sina hat das interessiert und es wurde fortan ihr Lieblingsfilm. Seitdem hörte sie auch ständig Cat Stevens, der die Filmmusik geschrieben hat. Diese Lieder wurden später Teil ihrer Beerdigung. Als wir dem Pfarrer beim Trauergespräch erklärten, dass die Auswahl der Musik darauf beruht, dass „Harold and Maude“ eben der Lieblingsfilm unserer elfjährigen Tochter war, staunte er nicht schlecht.

Aus meiner heutigen Sicht war dieser Film für Sina vielleicht eine unbewusste Art, sich dem Sterben zu nähern – oder auch, für Sina und mich, die Schwitzhütte mit der Vorstellung, dort die Geister der Ahnen zu treffen.

Wir haben mit Sina und miteinander nicht direkt über das Sterben gesprochen, auch weil Angelika schon früher immer Panik vor diesem Thema hatte. Sie hat mit Anfang 20 ihren Bruder verloren. Ab und zu fragte sie mich: „Nicht wahr, Sina wird doch nicht sterben – das passiert doch nicht, oder?“

Das war wirklich Stress für mich, was sollte ich dazu sagen? Ich zweifelte und haderte ja selbst und konnte ihr keine Sicherheit geben. Ich habe dann zwar irgendwie positiv geantwortet, aber eigentlich habe ich nicht gefühlt, was ich gesagt habe. Also war die Antwort ohnehin nicht richtig und konnte auch nicht befriedigen. Diese Frage war einfach falsch für mich, auch wenn ich natürlich verstanden habe, dass sie sie für sich selbst stellen musste.

Sina hat die Panik gespürt und deshalb hat sie dieses Thema auch nicht auf direkte Art angefasst. Aber jetzt denke ich, durch das Anschauen des Filmes, die Schwitzhütte und den Umgang mit anderen Themen haben wir das unbewusst doch alle gemeinsam gemacht.

Sina ging es nach ihrer Diagnose noch zwei Jahre lang recht gut, dann ist sie langsam schwächer geworden. Ein halbes Jahr vor ihrem Tod wurde ihre Milz dicker und sie sah irgendwie hochschwanger aus. Gerade in dieser Zeit ging sie wirklich offen und mit Humor mit ihrer Krankheit um, was uns Eltern sehr bewegte. Einmal waren wir im Schwimmbad und da stand ein Kind, etwas jünger als sie, und hat sie angeschaut. Sina sagte: „Du brauchst gar nicht so gucken, ich bin nicht schwanger. Ich hab eine Krankheit, davon wird die Milz dick." Dabei zeigte sie auf ihren Bauch. Ein anderes Mal saß sie mit einem Freund auf dem Pausenhof in der Schule, als jemand sagte: „Na, ihr beiden seid wohl verliebt?" Sina antwortete: „Ja klar, und ein Kind ist auch schon unterwegs." Gejammert hat sie fast nie. Einmal, als es ihr schon nicht mehr gut ging, fragte sie mich: „Papa, warum hab gerade ich diese Krankheit?" Und ich hatte keine Antwort, jedenfalls keine, die ich aussprechen konnte. Heute würde ich ihr vielleicht sagen: „Weil's anscheinend dein Job ist, uns alle auf einen anderen Weg zu bringen, das Leben anders anzuschauen, anders zu leben, als wir es ohne deine Krankheit getan hätten." Ich bin heute noch berührt, wenn ich daran denke, mit welcher Würde sie ihr Schicksal immer ertragen hat.

In der allerletzten Phase vor ihrem Tod hatte Sina stark geschwollene Lymphknoten am Hals und deshalb Schwierigkeiten beim Atmen. Deshalb hat sie auch nicht gut geschlafen und ist nachts oft aufgewacht – und wir mit ihr. An dem Tag, an dem sie gestorben ist, saß sie in ihrem Hängestuhl und hat total entspannt geschlafen und sehr kräftig und tief geatmet. Das haben wir als positives Zeichen gesehen. Dann hatte sie plötzlich Schaum vor dem Mund und wir haben uns gefragt, ob etwas nicht stimmt, und den Notarzt gerufen. Wir haben sie geweckt und sie gefragt, wie sie heißt. Sie hat uns noch richtig geantwortet, aber ihr Blick war schon ganz entfernt, wie unterwegs. Ich hab mit ihr auf dem Schoß am Küchentisch gesessen und Angelika ist herumgelaufen. So haben wir auf den Rettungswagen gewartet. Als er nach 20 Minuten kam, hatte Sina schon seit 15 Minuten nicht mehr geatmet. Sie ist hinübergeschwebt, auf meinem Schoß, ohne sich zu wehren, ohne Panik. Das Letzte, was sie gesagt hat, war, wie sie heißt, da war sie da – und dann war sie tot. Kein Leiden, keine Angst, die sie zum Ausdruck gebracht hätte. Wenn Sterben immer so wäre, hätte kein Mensch Angst davor.

Dann saß ich mit ihr auf dem Schoß auf dem Küchenfußboden, als der Notarzt kam. Er hat ihre Vitalfunktionen überprüft, aber keine Wiederbelebungsversuche mehr gemacht. Als er weg war, haben wir sie aufs Bett gelegt und Jon von der Schule geholt, damit er sich verabschieden konnte.

Irgendwie war ihr Tod gar nicht so ein Einschnitt wie die Diagnose. Erst einmal natürlich das heftige Trauern und Weinen. Aber es war auch viel Stress weg. Wir hatten wieder Zeit für unseren Sohn und gaben ihm diese auch gern. Unsere innere Entwicklung ging weiter. Vier Wochen vor Sinas Tod geriet ich „zufällig" an ein Buch aus einer ganzen Reihe, die sich mit der Welt der Seelen befasst. Es transportiert die Idee von Reinkarnation und von der Verbindung der physischen und der seelischen Welt. Bis zu Sinas Tod und auch danach habe ich diese Bücher gelesen. Das hat mich über ihren Tod irgendwie hinweggetragen, meine Trauer natürlich nicht weggewischt, aber die tröstliche Vorstellung genährt, dass man durch den Tod nicht getrennt wird: Alles ist immer noch eins. Sina ist immer noch da und dabei. Ein wichtiger Teil. Wir reden ja auch heute noch oft von ihr und uns ist immer bewusst, wie sie unser Leben verändert hat und es weiterhin tut.

Angelika spürt das auch und wir teilen insgesamt diese Vorstellungen. Dieses Gefühl der Verbundenheit über Sinas Tod hinaus trägt uns beide, selbst wenn wir mit unserer Trauer oft recht unterschiedlich umgegangen sind.

Klar haben wir auch zusammen geweint, aber in der tieferen Trauer direkt nach Sinas Tod war ich manchmal froh, wenn ich die Trauer eine Zeit lang nicht so gespürt habe. Wenn Angelika dann gekommen ist und mich in ihre Trauer hineingezogen hat, hat mich das gestört. Das war nicht so einfach. Ich wollte sie nicht abweisen, aber ich war gerade nicht bereit, jetzt wieder in dieses Gefühl zu gehen. Trauer läuft nicht immer parallel. Und wenn Angelika sich in dem Moment mit der Trauer auseinandersetzen will und ich will sie gerade lieber nicht spüren, dann muss jeder seinen Weg gehen. Das heißt aber nicht, dass man sich deswegen trennen muss. In dieser Zeit haben wir gemerkt, wie sehr wir uns schon verändert hatten, weil wir uns gegenseitig respektieren und sein lassen konnten, auch wenn das für beide nicht immer einfach war.

Was uns sehr geholfen hat, war auch, dass wir Freude immer zugelassen und nicht als Verrat empfunden haben, nicht während der Zeit nach ihrer Diagnose und auch nicht nach Sinas Tod. Wir haben immer viel zusammen gelacht und schwierige Situationen mit Humor gemeistert. Das mussten wir auch, denn schließlich kam der Anstoß zu unseren beruflichen Verwandlungen vor allem durch Sinas katastrophale Bestatterin, die wirklich so sensibel war wie ein Eimer Eiswasser, den man dir morgens ins Bett schüttet. Der Notarzt hatte ihr Bescheid gesagt und sie saß schon drei Stunden nach Sinas Tod bei uns, sagte, wir sollten uns beim Abschied Zeit lassen, und klopfte dabei ungeduldig mit den Fingern auf die Tischplatte. Als wir uns einen weißen Sarg wünschten, sagte sie, sie habe keinen zur Verfügung, und beharrte auf ihrer Position, bis ich ihr sagte, dass es, um einen weißen Sarg herzustellen, nur eines Eimers Farbe und einer stetigen Handbewegung mit dem Pinsel von oben nach unten bedürfe. Bei Sinas Beerdigung, als sich unsere Freunde am Grab von Sina verabschiedeten – für uns ein wirklich heiliger Moment –, wollte sie mit uns die Papiere und die Rechnung besprechen.

Dennoch war die Trauerfeier wirklich schön. Nach unseren ersten Erfahrungen mit dieser Bestatterin hatte eine Freundin, die auch Bestatterin ist, sich zum Glück eingemischt und dafür gesorgt, dass die Elemente, die uns wichtig waren, auch umgesetzt wurden: die Dekoration, Sinas Musik, indianischer Gesang usw. Wir sind dafür sehr dankbar, weil wir heute wissen, dass man das Bild der Beerdigung lange, wenn nicht für immer mit sich trägt und eine schöne Erinnerung daran den Trauerprozess besonders positiv beeinflusst.

Als uns das nach und nach klar wurde, entstand die Idee, Trauerfeiern zu gestalten und Trauerreden zu schreiben. Dann starb eine Kollegin von Angelika bei einem Unfall und ihre Kinder fragten Angelika, ob sie bei der Gestaltung der Trauerfeier helfen würde. Damit hatten wir unseren ersten „Fall“. Dass die Gestaltung dieser Trauerfeier gut gelungen ist und wir sehr gute Rückmeldungen dafür bekamen, war Anlass genug, in dieser Richtung weiterzumachen.

Wir haben uns nacheinander zu Trauerbegleitern ausbilden lassen, Angelika mit der Spezialisierung auf Kinder und Jugendliche. Und das ist eigentlich die größte Revolution: Angelika, die vorher eine Tod-Trauer-Sterbephobie hatte, nun als kompetente und mitfühlende Trauerrednerin zu erleben, die anderen Menschen Mut macht, die Chance der Trauerbegleitung wahr- und anzunehmen. Jetzt haben wir schon einige Jahre eine kleine Firma, die sich „TrauerLeben" nennt.

In der Trauer hat man ein wirklich gutes Gefühl für das, was im Leben wichtig ist. Im Alltag versandet das so schnell, weil man mit so viel Mist zu tun hat. Deshalb ist mir die Arbeit mit Trauernden so wertvoll geworden, weil sie mich immer daran erinnern, was eigentlich wichtig ist im Leben. Das bringt mich zurück zur Dankbarkeit für das, was ich habe, denn nichts ist selbstverständlich und bleibt mir für immer. Das hilft mir, meine Aufmerksamkeit nicht darauf zu lenken, was mir zu meinem Glück zu fehlen scheint.

Und unser Kabarett, das sich mit Trauer und Sterben beschäftigt und zum Lachen und Schmunzeln einlädt, bestärkt uns darin, immer wieder zu spüren und andere spüren zu lassen, dass alle Gefühle im Leben zusammengehören, dass das Leben bunt ist, Freude und Trauer, Bitterkeit und Humor enthält und dass man es nicht planen kann, sondern es am besten jetzt, in diesem Augenblick, mit ganzer Aufmerksamkeit mit allen Höhen und Tiefen lebt.

Unsere ganze Geschichte erscheint uns im Nachhinein so: Sina ist der Engel, der uns geschickt worden ist, um uns auf den Weg zu bringen, uns mit Tod, Sterben, Trauer und letztlich mit uns selbst auseinanderzusetzen in einer Weise, wie wir es ohne sie niemals getan hätten. Wir haben klarere Ziele und klarere Prioritäten. Und unser Fazit: Solange man zu essen und ein Dach über dem Kopf hat, so lange fehlt einem materiell nichts wirklich Wichtiges. Solange das so ist, sind nur die Menschen wichtig, mit denen man lebt, und die Liebe, die man zu ihnen empfindet. Das haben wir mit Sinas Schicksal und mit ihrer Art, ihr Schicksal zu tragen, gelernt.

Stell dir vor, du wirst einfach ganz anders. So anders, wie du es jetzt und hier gar nicht denken kannst. Wenn du still wirst und in dich reinfühlst, dann weißt du ja auch hier schon, dass du zwar du bist, aber auch ganz anders. Du könntest nicht nur auch jemand anderer sein, du bist in dir auch ganz anders. Du bist ja hier schon viel mehr, als du überhaupt leben kannst. Hier entscheide ich mich immer und dann bin ich, wie ich mich entscheide. In Wirklichkeit bin ich aber auch alles das, wofür ich mich nicht entschieden habe. Ich bin viel mehr als ich. So stell ich mir das vor, dass ich da hineingleite, in dieses ‚viel mehr als ich', was ich auch jetzt schon gleichzeitig bin und nicht bin.

Mädchen, 13 Jahre alt

Mit allen Höhen und Tiefen

Elvi, Tod der 21-jährigen Tochter durch Suizid

Sandra ist die Mittlere unserer drei Töchter. Schon als Baby hatte sie ein ausgeprägtes Temperament. Wie oft haben wir vergeblich versucht, sie in den Schlaf zu wiegen. Eine unbändige Lebensfreude war in ihr, der sie schreiend Ausdruck gab. An Schlaf war da nicht zu denken. Da könnte sie ja etwas verpassen. Dieser Wunsch, das Leben ganz auszukosten, mit allen Extremen, in jedem Moment, zog sich durch ihre Kindheit und Jugend bis ins junge Erwachsenenalter. Auf dem Snowboard und bei Schlittenrennen: Bremsen war ein Fremdwort. Als treibende Kraft war sie Motor für Unternehmungen ihres lebendigen Freundeskreises. Natur, Lagerfeuer und Feiern waren ihr Glück. Mit ihrem Partner teilte sie von Beginn an die Leidenschaft, rauszugehen und ihre Kräfte in der Natur zu erproben, Neues auszuprobieren, Grenzen zu überwinden.

Kurz bevor sie erkrankte, eröffnet sie ihr Tagebuch mit einem Zitat aus dem Roman „Vodka" von Boris Starling: „Was ist das Leben, wenn man es auf der Nulllinie lebt? Dann gibt es keine großen Enttäuschungen, aber auch keine Höhepunkte. Das ist fast so, als wäre man tot. Höhen und Tiefen sind der Beweis, dass man am Leben ist. Eine Nulllinie kriegen Menschen im Krankenhaus, wenn ihre Körper sie im Stich lassen." Als sie diese Worte schrieb, wusste sie noch nicht, dass sie bald ungeahnte Tiefen kennenlernen würde.

Mit großer Leichtigkeit, aber niemals ganz mit sich selbst zufrieden, hat sie ihre Schullaufbahn absolviert. Vor dem Medizinstudium wollte sie unbedingt eine Ausbildung als

Rettungsassistentin machen. Diese brachte sie oft in Situationen, in denen es um Leben und Tod ging. Sie hatte die Ausbildung ausgesucht, um ihr Selbstbewusstsein zu stärken und sich so für das in vielerlei Hinsicht schwere Studium zu wappnen. Auch hier wählte sie die Erfahrung des Extremen, um sich auf ein extremes Leben als Ärztin mit dem „Feindbild Nulllinie" vorzubereiten.

Dass die schweren Situationen innerhalb ihrer Ausbildung eigentlich oft über ihre Kräfte gingen, hat vielleicht dazu beigetragen, dass Sandra von einer unglaublich tiefen Depression erfasst wurde, die wir erst sehr viel später als erste Phase einer sogenannten Bipolaren Störung erkannt haben. Bipolare Störungen sind schwere chronisch verlaufende psychische Erkrankungen, die durch stärkste Stimmungsschwankungen charakterisiert sind, weil die Botenstoffe des Nervensystems aus dem Gleichgewicht geraten. Die eine Seite zeigt sich als übersteigertes Hochgefühl und die Betroffenen sind gleichzeitig meist überaktiv und euphorisch. Auf diese Phase folgen oft sehr stark ausgeprägte Depressionen mit gedrückter Stimmung, Antriebslosigkeit und tiefer Traurigkeit. Diese Stimmungsschwankungen treten vom ersten Ausbruch an das ganze Leben lang und unabhängig von der augenblicklichen Lebenssituation auf. Eine medikamentöse Einstellung bedeutet, die Höhen wie die Tiefen zu dämpfen. Ein bis drei Prozent unserer Bevölkerung sind von dieser Krankheit betroffen.

Sandra suchte sofort psychotherapeutische Beratung und wir fanden mit ihr einen Psychotherapeuten, den sie sehr schätzte und dem sie vertraute. Ihrem Tagebuch entnehmen wir, dass sie schon in der ersten depressiven Phase ihrer Erkrankung Suizidgedanken hatte. „Es gibt ein Zeitfenster, da hätte ich was ändern können, jetzt ist es zu spät, es tut mir unglaublich leid für die Menschen, die ich liebe, aber meine Seele ist bereits woanders. Ich habe meinen Willen durch die unglaublich schwere Lebenssituation, die mich zerrissen hat, gebrochen. (…) Ihr müsst mich vergessen bzw. verarbeiten.“

Mit der psychotherapeutischen und einer engen familiären und freundschaftlich getragenen Betreuung kam sie über diese Phase hinweg. Wie oft ging sie mit ihrem Vater Mittag essen und beide besprachen schwierige Ausbildungssituationen und ihre Gefühlswelt, wie oft saß sie in meiner Küche, sah mir beim Kochen zu und erzählte. Wie viel sprach sie mit ihrer Schwester über alles, was ihr Leben betraf, wie oft ruhte sie sich bei ihrem Freund aus, gingen die beiden gemeinsam klettern, traf sie sich mit ihren engen Freunden, denen sie von ihrer Depression erzählt hatte. Mit ihrer geliebten Patentante, die auch Ärztin ist, besprach sie die Erkrankung ebenfalls und ganz plötzlich stoppte die Depression von einem auf den anderen Moment und das Leben war wieder lebbar und lebenswert. Wir alle atmeten auf.

Mit ihrem Freund machte sie im Herbst eine Reise nach Georgien, die reich an außergewöhnlichen Erfahrungen und Begegnungen war. Sandra war davor noch nie über 3000 Meter Höhe wandern gewesen. Und dann hat sie gleich einen 5000er bestiegen: den Kasbek. Die letzten 200 bis 300 Höhenmeter waren sehr hart, steil und beschwerlich. Aber statt gleichmäßig und ganz langsam Schritt für Schritt zu gehen, ist Sandra immer kurze Abschnitte gerannt und hat dann kurz Pause gemacht und das immer wieder, bis sie oben war. Sie sagte nachher, dass sie zu diesem Zeitpunkt schon komplett am Ende ihrer Kräfte gewesen, aber trotzdem weitergelaufen sei, weil sie es unbedingt schaffen wollte. Ihr Wille hatte über ihren Körper gesiegt. Sie kam überglücklich aus dem Urlaub zurück.

Wir als Familie verloren die Gefahr aus den Augen. Es schien ihr insgesamt gut zu gehen. Aber kurz vor Weihnachten fiel sie erneut in eine Tiefe, die aus ihrer Perspektive vermutlich die zweite von unendlich vielen Tiefen ihres kommenden Lebens war. Eine Freundin, die die gleiche Erkrankung hat und schon seit mehreren Jahren in gewisser Weise „gut" damit lebt, sagte uns später, dass die zweite Depressionsphase einer Bipolaren Störung häufig noch schwerer zu bewältigen sei als die erste. Der Absturz ist unglaublich tief, weil die davor erreichte Höhe mit allen Fasern spürbar war. Im Januar saß Sandra einmal bei mir in der Küche und sagte: „Mama, du kannst dir nicht vorstellen, wie schlimm das ist." Und letztlich hatte sie recht. Niemand, der nicht in der gleichen Situation ist, kann sich das vorstellen. Wir schlossen uns genauso um sie herum zusammen, wie wir das auch bei der ersten Depressionsphase getan hatten, und rechneten damit, dass sie unsere Unterstützung in Anspruch nehmen würde, wie sie das bisher immer gemacht hatte. Als sie das weniger tat, dachten wir, es ginge ihr besser.

Anfang Februar hatten wir deutlich den Eindruck, dass das so sei. Sie wirkte unbeschwerter, traf sich mit Freunden, ging klettern. Ihrem Tagebuch haben wir anschließend entnehmen können, dass sie sich zu dieser Zeit bereits entschieden hatte und dass die Treffen mit Freunden ihre Art waren, sich zu verabschieden. „Ich stoße alle von mir. Es tut mir unglaublich leid, Mama, Papa. Es klingt verlogen, aber ich liebe euch sehr. Allerdings ertrage ich es nicht, als Versager zu leben. Für Mama: Es gibt Trauerbegleiter. Es ist besser, die Gefühle nicht zu unterdrücken. (…) Bitte trauert nicht allein, lasst die Gefühle zu. Das habe ich nie getan.

(…) Ich habe meine Identität verloren. Hoffe, dass ihr mir das eines Tages vergeben könnt. Bin machtlos im Kampf gegen mich selbst. Füge damit allen Schmerzen zu. Aber ich kann nicht anders. Hab alle Hilfe, die man braucht, aber trotzdem kriege ich es nicht hin. (…) Ich will keine Hilfe mehr. Meine 91-jährige Oma ist klarer im Kopf als ich. Das Leben ist nicht leicht. Was nicht schlimm ist. Aber für mich gibt es nur Schwarz oder Weiß. Wenn nicht alles, dann nichts.“

Von der Polizei und einem Seelsorger erfuhren wir, dass sich Sandra, nachdem sie abends noch mit einem guten Freund zusammen war, mit dem Seil, das sie in ihrer Tasche bereits aus ihrer Wohnung mitgenommen hatte, im Wald erhängt hatte. Dieser Moment war und bleibt ein Albtraum und ich versuche, so wenig wie möglich daran zu denken. Wolfgang und ich waren allein zu Hause, als die Beamten kamen, und ich habe danach instinktiv erst einmal alle nächsten Menschen angerufen. Fast alle sind direkt gekommen und haben den unglaublichen Schockschmerz gemeinsam mit uns weinend, redend oder stumm ausgehalten.

Die nächsten Tage waren im Rückblick wie eine Art Oase, in die sich unsere ganze Familie gemeinsam mit unseren nächsten Verwandten und Freunden mitten im Gefühlschaos des Geschehenen zurückzog. Alle waren da: unsere Kinder, unsere Schwestern, Sandras Partner, der Vetter, die Kusine und die Freunde. Fast alle haben hier gewohnt und geschlafen. Mindestens eine Woche lang. Wir haben alles gemeinsam getan: Sandras Abschiedsfeier geplant, das Grab ausgesucht, Blumen bestellt. Wie in einer Art Schwarm sind wir losgezogen und jeder wurde zu allem befragt und alles wurde gemeinsam entschieden. Für manchen Dienstleister waren wir eine Zumutung in unserer komplizierten Art, Entscheidungen zu treffen, aber für uns nahmen wir den einzig möglichen Weg. Jeden Tag kochten wir gemeinsam und lecker, instinktiv, nahmen uns Zeit für die Essensplanung, gingen zusammen einkaufen.

Zwischendurch gingen wir zum Bestatter, wo Sandra sehr schön aufgebahrt war. Wir verabschiedeten uns in verschiedenen Konstellationen. Gemeinsam und einzeln. Wir haben sie angesehen, sie berührt, auf unterschiedlichste Weise zu erfassen versucht, was da geschehen war. Wir haben uns gegenseitig gestützt und festgehalten und waren einzeln und gemeinsam fassungslos und verständnisvoll.

In der durchdachten Planung ihres Abschieds hat uns Sandra einige Geschenke hinterlassen. Die wichtigsten waren ein Abschiedsbrief in ihrem Handy, in dem sie uns von aller Schuld freispricht, und ihr Tagebuch, das sie für uns auf ihren Schreibtisch gelegt hatte und in dem wir die Stationen ihres Entschlusses nachvollziehen konnten. Neben der bodenlosen Traurigkeit, dass sie auch mit all unserer Liebe und Unterstützung keinen Weg sah zu bleiben, wuchs auch der Respekt vor ihrer Entscheidung. Durch ihre Worte lernten wir zu verstehen, dass wir uns ihre Tiefen wirklich nur als Zaungäste vorstellen konnten und keine Ahnung davon hatten, wie sie sich in Wirklichkeit anfühlten. Und wir lernten auch nachzuvollziehen, dass sie in der Kombination ihrer einzelnen für sich wunderbaren Charakterzüge wie gefangen war: in ihrem Perfektionismus, ihrer Radikalität, ihrer hohen Grundenergie verbunden mit höchster Leistungsfähigkeit, ihrer gnadenlosen Intelligenz, die alles überschauen wollte, ihrer – auch beruflich erworbenen – Kenntnis dessen, was sie erwartete. Wenn sie nicht in allem so extrem gewesen wäre, wenn sie auch anderes als ihre Planungen zugelassen hätte, wenn sie hätte spüren können, dass es immer Wege gibt … kurz, wenn sie nicht sie selbst gewesen wäre, so, wie sie zu diesem Zeitpunkt ihres Lebens eben war, dann? Vielleicht? Hätte? Wäre?

Genauso wie für Sandra gibt es für uns kein Hätte, Wäre, Wenn. Sie hat diese Entscheidung getroffen und wir müssen mit ihr leben. Aus unserem Familienfreundesnetz ist ein Werk entstanden, eine wirklich schöne Verabschiedungsfeier für Sandra. Jede und jeder hat etwas beigetragen. Hier ein Song, dort ein Teil einer Geschichte, hier ein selbstgemaltes Bild vom Sonnenuntergang auf dem Kasbek, das mit auf die Verabschiedungskarte sollte, ein Vetter, der einen schönen Abschiedstext geschrieben hat. Wir haben ihr Leben gemeinsam angeschaut, erzählt, gefeiert. Wir haben sie gefeiert.

Nach der Verabschiedung, Lagerfeuer im Garten mit allen. Genauso, wie Sandra es geliebt hat, lang in die Nacht hinein … und nach und nach löst der Schwarm sich wieder auf und alle fliegen an ihre Orte zurück. Aber es ist etwas geschehen. Wir sind noch enger zusammengewachsen, haben gemerkt, dass unsere Familiengemeinschaft wirklich trägt, mal wieder, auch in den schwersten Situationen.

Dann, langsam, Schritt für Schritt zurück in den Alltag. Das ist schwer. Alles fühlt sich anders an. Gott sei Dank haben wir die Pferde. Wolfgang, unsere jüngste Tochter und ich reiten jeden Tag. Beim Reiten bist du im Hier und Jetzt. Wenn du nicht da bist, wo du sitzt, macht dein Pferd mit dir, was es will. Reiten kann wie eine Art Meditation sein. Deine Gedanken können nicht wirklich wegfliegen dabei. Das tut gut. Jeden Tag wieder. Unsere jüngere Tochter geht weiter zur Schule, die ältere setzt ihr Auslandspraktikum fort, ich arbeite eher mechanisch, aber doch regelmäßig. Jeden Tag gehe ich zum Grab. Wir haben es gemeinsam ausgesucht. Es ist auf dem Friedhof, der nah bei unserem Haus ist. Jetzt ist es unser Familiengrab in einer Ecke unter Bäumen. Das würde Sandra gefallen. Der Friedhof ist nie abgeschlossen. Bei uns wohnt noch eine Freundin unserer jüngsten Tochter, verändert den Alltag ein wenig. Das tut gut. Ab und zu kommen Sandras Freunde vorbei. Ihr Partner ist oft da, lernt auf unserem Pferd reiten. Das ist schön. Wir erzählen gemeinsam von ihr und wir erzählen uns auch, wie schwer uns das Leben gerade fällt. Dieses regelmäßige Ohne-Sandra-Sein, das sich nie mehr verändern wird.

Immer wieder fällt mir auf, dass wir von Beginn an auch gelacht haben und auch weiterhin lachen. Ist das merkwürdig oder ist es normal? Es ist, wie es ist. Das Zusammensein ist schön. Es gibt wunderbare Alltagsmomente, eigentlich jeden Tag. Ich freue mich, erlebe Nähe und Zusammenhalt und spüre gleichzeitig den tiefen Schmerz des Vermissens. Alles gehört zusammen. Alle Gefühle gehören dazu, wollen gelebt werden.

Ich beginne ein Erinnerungsbuch, in das ich Bilder von Sandra klebe – Momentaufnahmen ihres Lebens, meine schönsten Fotos. Ich schreibe auch Geschichten hinein. Erinnerungen an Sandra, die lebendig sind und es immer bleiben werden. In der kommenden Zeit wird dieses Buch für mich wie ein kleiner Schatz. Das Aufschreiben, Bilder anschauen und wieder und wieder Lesen ist für mich sehr tröstlich. Und immer gleichzeitig die Freude an dem gemeinsamen Erleben und Zusammensein und die Trauer des Vermissens.

An Sandras Geburtstag, dem ersten ohne sie, treffen wir uns wieder alle zum Lagerfeuer im Garten. Es ist Sommer. Wir feiern und weinen und erzählen. Das Leben ist schön und traurig zugleich.

Aus einer spontanen Idee reift ein Plan: Sandras Freund möchte noch einmal auf den Kasbek. Wir, unsere Töchter, der Vetter, die Kusine und Sandras Freunde möchten mit.

Wie schön. Ist das realistisch? Wie schon bei der Trauerfeier lassen wir die Planung der jungen Leute einfach laufen und irgendwann im August ist es dann wirklich so weit. Eine Gruppe von elf Menschen kommt an unterschiedlichen Tagen und auf unterschiedlichsten Reisewegen in Georgien an. Wir reisen die Stationen von Sandras letzter Reise nach. Wir hören Geschichten von den Dingen, die Sandra und ihr Freund erlebt haben. Sandra ist ganz nah. An einem Morgen brechen die jungen Leute zur Kasbektour auf. Wolfgang und ich bleiben in Stephansminda und wandern den ersten Teil des Weges. Die Schönheit der Natur ist unbeschreiblich. Ich genieße sie in vollen Zügen. Genieße auch den Zusammenhalt und das Erleben dieser Gruppe von unglaublich unterschiedlichen Menschen, die mir alle nah sind und die die Verbundenheit mit meiner verstorbenen Tochter zu dieser Reise bewegt hat. Das berührt mich sehr. In all der Freude spüre ich den Schmerz des Vermissens tief und heftig. Wieder gleichzeitig, alles immer gleichzeitig. Alle Höhen und Tiefen. Das ist anstrengend.

Vier Tage später kommt die Gruppe zurück. Sie haben es nicht ganz bis zum Gipfel geschafft, das Wetter ist umgeschlagen. Trotzdem eine beeindruckende und bewegende Wanderung. Der Gipfel bleibt Sandra und ihrem Freund vorbehalten. Das ist ihr gemeinsames Erlebnis.

Wieder zurück geht das Leben weiter, auf Weihnachten zu. Ich genieße es, für unsere Töchter Geschenke auszusuchen, und weine um all die Geschenke, die ich Sandra nicht mehr aussuchen werde. Ich genieße auch das Fest, das Zusammensein. Ich finde es schwer, Sandras Fehlen zu fühlen, aber auch gut, gleichzeitig die Kraft und Lebendigkeit meiner anderen beiden Töchter zu spüren und wieder das vibrierende Leben der großen Familie. Finn, unser neu adoptierter Golden Retriever, der immer von einer ansteckenden

Fröhlichkeit ist, tut das Übrige. Über ihn kann man sich nicht nicht freuen.

Ich gehe seltener zum Grab. Sandras Fehlen wächst langsam wie in mich hinein. Ich bin ohnehin mit ihr verbunden. Die Liebe bleibt. Dafür erlebe ich das Zusammensein mit unseren Töchtern und Wolfgang als unglaublich kraftschenkend. Jedes leckere Essen, bei dem wir zusammensitzen und über vieles sprechen. Das tägliche Reiten, die liebevollen und lebendigen Momente mit meinen Lieben sind unendlich kostbar. Dafür lasse ich alles stehen und liegen. Trotzdem ist meine Energie noch nicht wieder zurück, wohnt meine Herzkraft noch nicht wieder in allen Dingen, die ich tue, nur in den wesentlichen. Wolfgang sagt, wir sind immer noch im Ausnahmezustand. Wie auch nicht. Das altgefühlte und 21 Jahre lang gewachsene „Normal" gibt es nicht mehr, wird es nie mehr geben.

Auf einen Zettel, der an ihrem schwarzen Brett hing, schrieb Sandra: „Es ist anstrengend, ein Buch zu lesen, es ist anstrengend einzukaufen oder sich zu duschen." Oh ja, denke ich an manchen Tagen. „Es ist, als ob man wie Obelix einen riesengroßen Stein schleppt, ohne ihn irgendwohin absetzen zu können." Oh ja, denke ich an manchen Tagen. „Ich mache es mir leicht, dafür tut es mir leid, weil ich es für euch umso schwerer mache." Ja und nein. Es ist schwer für uns, aber du hast es dir nie leicht gemacht, mein Kind. „Ich hinterlasse ein nicht füllbares Loch, aber der Schmerz wird weniger mit der Zeit." Nein, das denkst du dir aus, weißt es nicht besser, hast es nicht selbst erlebt. Weniger wird der Schmerz nicht, er verändert sich nur. „Es läuft nicht für alle so, wie sie es hoffen oder erwarten." Oh ja, da hast du wirklich recht. Ich habe weder erhofft noch erwartet, dass du stirbst, wir alle haben das nicht. Aber wir leben mit deiner Entscheidung. Wir leben mit deinem Tod genauso wie wir mit deinem Leben leben. Wir sind voller warmer lebendiger Erinnerungen an dich. Wir trauern um die Möglichkeit einer Zukunft mit dir. Jeder und jede auf die eigene Art. Diese Möglichkeit hast du uns genommen. Aber unsere gemeinsame Vergangenheit und jeder Augenblick der Gegenwart trägt uns durch unsere Trauer, Schritt für Schritt. Wir leben jetzt und jetzt und jetzt, mit aller Freude, allem Schmerz, aller Intensität. Wir leben mit allen Höhen und Tiefen. Wir tragen dich im Herzen mit uns. Unser Leben lang.

Oft denke ich an dich, wie du über alles geklettert bist, sehe dich in Gedanken auf einer schmalen Hängebrücke über einem Fluss. Und so fühlen wir uns auch. Wir haben den festen Boden unter den Füßen verloren. Aber wir haben gelernt, unser Gleichgewicht immer neu wiederzufinden. Keine Ahnung, ob wir irgendwann wieder festen Boden unter den Füßen haben werden. Aber wir können weitergehen, auch wenn es sich noch so unsicher anfühlt.

Bald jährt sich dein Sterbetag zum ersten Mal und ich spüre, das wird schwer. Meine „Hätte, Wäre, Wenns" tauchen wieder auf. Ich lasse sie zu. Ich schüttele sie ab. Immer neu. Und wenn ich genau hinhöre, in mich hinein, fühle ich: Wir sind schon einen Schritt weiter.

Jetzt.

Großeltern sind Erfahrene

Eine Geschichte vom Dasein und Mittragen

Großeltern sind heute manchmal noch die Vergessenen im Trauerprozess. Oft sind sie während der Krankheit ihrer Enkel ihren Kindern eine große Stütze, sind der Familie nah und begleiten die Krankheitsphase mit ihrer Zeit, praktischer Hilfe und selbstverständlicher Zuwendung. Meist haben sie schon mehr Erfahrung mit dem Sterben gesammelt als ihre Kinder und können diesen wertvolle Tipps geben. Nicht selten kann ein Kind oder eine Jugendliche mit Oma oder Opa über das Sterben sprechen, schon lange bevor das mit den eigenen Eltern möglich ist. Oma und Opa haben auch manchmal schon als Kinder erlebt, dass ein Geschwisterkind verstorben ist, und haben so auch aus der Geschwisterperspektive vielleicht schon Erfahrungen gesammelt. Alles in allem können sie Schätze sein in einer Lebensphase, in der die gesamte Kernfamilie vollständig überlastet ist.

Wenn das Kind gestorben ist, werden sie in dieser Rolle meist nicht mehr gebraucht. Die Familie entwickelt Schritt für Schritt ein neues Alltagsleben und die Großeltern, die ebenfalls einen riesigen Verlust erlitten haben, gleiten wieder in die Rolle im Familiensystem zurück, die sie vor der Sterbephase hatten. Wenn sie noch als Paar zusammenleben, haben sie zumindest jemanden, der die Situation ähnlich erlebt und mit dem sie darüber sprechen können. Wenn aber schon ein Ehepartner gestorben ist oder sie getrennt leben, ist die oder der Hinterbliebene nach einer Zeit größter Nähe zur Familie zunächst wieder auf sich selbst zurückgeworfen. Das ist eine große Herausforderung.

Die Großmutter oder der Großvater hat nicht nur ein Enkelkind verloren, manchmal das einzige. Sie oder er spürt dazu den tiefen Schmerz seines oder ihres Kindes und musste außerdem, genauso wie die Eltern, einen Teil der eigenen Zukunft preisgeben. Weil sie altersmäßig ihrem eigenen Lebensende näher sind als ihre Kinder, empfinden

Großeltern manchmal sogar Schuldgefühle, dass das Enkelkind gehen musste, während sie selbst noch bleiben dürfen. So stellen sich oft auch für sie die Fragen nach dem Sinn des eigenen Lebens neu. Zudem bringt die Situation ihnen manchmal ihre eigene „Todesnähe" stärker zu Bewusstsein. Oft gehören sie noch einer Generation an, in der Menschen nicht so einfach psychotherapeutische Hilfe suchen, wenn sie sich hilflos und allein fühlen.

Hilfreich wäre es, wenn sich die Eltern des verstorbenen Kindes diese Situation bewusst machen und ihre Eltern weiterhin zumindest eine Zeit lang etwas mehr als sonst ins Familienleben einbeziehen. Freunde der „verwaisten Großeltern" können durch verstärkte Zuwendung signalisieren, dass sie die Situation wahrnehmen. Traditionen aus der Phase vor der Krankheit (gemeinsame Hobbys pflegen, Kaffeetreffen etc.) könnten wieder aufgenommen werden. Man kann zusammen zum Grab gehen, den anderen beim Traurigsein unterstützen und den Tränenfluss mit aushalten.

Glücklicherweise wächst in den letzten Jahren das Bewusstsein auch für die Verlusterfahrung der Großeltern. Die „Verwaisten Eltern e. V." bieten in manchen Städten bereits Selbsthilfegruppen für „verwaiste Großeltern" an und viele Hospize haben in ihren Trauercafés besondere Thementage für diese Gruppe. Außerdem sehen viele selbstständige Trauerbegleiterinnen Gesprächsangebote für Großeltern vor. Für die Großeltern geht es darum, Mut zu fassen und sich auch „in ihrem Alter" in neue Zusammenhänge hineinzutrauen. Wenn sie den Versuch wagen, können sie viel Unterstützendes erleben.

Leise, ganz leise höre ich dich schon. Du singst mir ein Lied. Ich kenne das Lied von irgendwoher. Ich kenne es schon ganz lange. Das Lied ist älter als ich. Wer bist du? Ich kann dich hören und fühlen. Du singst mir und niemand sonst hört es. In meiner Außenwelt ist das Beatmungsgerät so laut, alles piepst, ich habe so viel Piepsen um mich herum und Zischen und andere technische Geräusche. Manchmal muss ich mich richtig auf die Worte konzentrieren, um sie zu verstehen. Aber in mir drin ist es ganz leise, fast still. Und in der Stille höre ich dein Lied.

Mädchen, 9 Jahre

Unser Enkel geht uns voraus

Erich, Tod des Enkels mit 12 Jahren durch einen inoperablen Hirntumor

Lucián war unser erstes Enkelkind. Unsere Tochter war noch sehr jung und studierte gerade, als Lucián geboren wurde. Sie lebte in unmittelbarer Nähe von uns. So war Lucián bereits als Säugling viel bei uns. Verständlich, dass wir als Großeltern eine sehr tiefe Beziehung zu ihm hatten. Meiner Frau Heilecke war schon früh Luciáns Nystagmus (Augenflattern) aufgefallen und die darauffolgenden ersten neurologischen Untersuchungen verwiesen auf Ataxien (Unordnungen) im Kleinhirn. Schließlich, im zweiten Lebensjahr, diagnostizierten zwei Spezialisten ein nicht therapierbares Gliom (Hirntumor) im Stammhirn und sagten eine Lebenserwartung von unter einem Jahr voraus. Wie geht nun eine Familie mit solch einem Todesurteil um, das dazu noch das jüngste Mitglied betrifft? Zuerst Schockstarre, dann folgte der Wechsel zwischen Infragestellen der Diagnose und Verdrängung und, als Luciáns Zustand sich nicht verschlechterte, die Hoffnung, es könnte doch ein Wunder geschehen. Ich persönlich habe die Situation emotional so zu bewältigen versucht: Wie das Wissen der eigenen Endlichkeit sich nicht auf jeden Tag meines Lebens auswirkt, so bestimmt Luciáns Endlichkeit auch nicht sein Leben. Da seine Zukunft wahrscheinlich eingeschränkt ist, lebt er eben intensiver. Wirklich eingelassen darauf, dass er sterben wird, habe ich mich damals noch nicht.

Als evangelischer Pfarrer war ich beruflich ständig mit dem Problem von Krankheit und Tod konfrontiert. Doch plötzlich wurde ich existenziell davon betroffen. Bisher war das Leben mit Heilecke und mir gnädig umgegangen und ich selbst hatte keine Strategie, mit Schicksalsschlägen umzugehen. Plötzlich musste ich erfahren, dass die biblisch-christlich tradierten Trostbilder, z. B. in Gottes Hand zu sein, mich persönlich nicht erreichten. Vor allem bedrängte mich in der Zeit, in der sich Luciáns gesundheitlicher Zustand verschlechterte, die Frage: Warum gerade er? Natürlich wusste ich, wie ich es nur zu oft in Trauergesprächen versichert hatte, dass wir die Frage nach dem Warum zwar stellen können, sie aber nie beantwortet wird. Und doch kam ich selbst nicht los von dieser Frage. Immerhin half mir die Erkenntnis, dass im alttestamentlichen Hebräisch das Pronomen „warum“ nie auf den Tod bezogen wird. Jahrtausendealte Erfahrung zeigte mir: Diese Fragestellung ist sinnlos. Auch habe ich Klagepsalmen, Gedichte von Rilke und Hölderlin gelesen, Lieddichtungen gehört. So konnte ich immer mehr nachvollziehen, dass meine Trauer und Klage nicht singulär sind, sondern zum menschlichen Leben dazugehören. Und ich lernte den Satz unserer Tochter verstehen: „Wir haben Lucián nur so und nicht anders.“

Am Zusammenleben mit Lucián haften viele schöne Erinnerungen. Dass er in alltäglichen Ereignissen so viel Freude erfahren konnte: ein Essen, das ihm schmeckte, eine bestimmte wöchentliche Fernsehsendung, und dass er seine Freude zeigte. Ich denke gerne daran, wie er sich von mir zwar angespannt, doch fröhlich auf einem Pferd durchs Gelände führen ließ. Wenn ich abends im Bett neben ihm lag und ihm auf seinen Wunsch hin Geschichten von seinen „Vorfahren“ erzählte, spürte ich, wenn er eingeschlafen war, die Ruhe, die von ihm ausging, und ich wurde gelassen dem gegenüber, was zukünftig geschehen mag. Lieb sind mir auch die Erinnerungen an die gemeinsamen Zeiten in Italien, das Lucián so liebte. Wenn er die schönen Steine, die er zuvor am Strand gesammelt hatte, auf der Terrassenmauer sitzend ins Gelände warf und stolz war, wenn ein Wurf ihm möglichst weit gelang. Und dann, wenn wir nachts draußen in den mit Sternen übersäten Himmel blickten, erzählten, er einschlief und ich ihn ins Haus trug. An diese gute Zeit erinnert uns das weiße Holzkreuz von Luciáns Kölner Urnengrab, das wir mitgenommen haben nach Italien und das heute an der Terrassenmauer zum Meer hin steht.

Auch schmerzlich nachwirkende Erinnerung gibt es genug. Als Lucián noch ohne fremde Hilfe, doch nur langsam laufen konnte, wollte er auf der Straße mit Kindern, die Fußball spielten, mitspielen. Doch die ließen ihn nicht, weil er zu langsam war. Ich habe mit den Jungen gesprochen, sie willigten dann ein. Doch Lucián schüttelte nur den Kopf und die Traurigkeit in seinen großen dunklen Augen ließ erkennen, dass er wusste, sein Leben wird anders verlaufen als das der gleichaltrigen Jungen. Als er bei seinem vorletzten Aufenthalt im Krankenhaus auf dem Bett saß, warf ich ihm einen Ball zu, den er mit den Füßen wegkicken sollte. Irgendwann seufzte er matt: „Ich habe keine Kraft mehr." Und nach einer längeren Pause: „Ich will nicht sterben." Die Bilder, wie er auf der Intensivstation lag, verkabelt an Maschinen, sprachlos durch den Luftröhrenschnitt, und wir uns mit Wortkarten und Kopfnicken verständigen mussten, sind immer noch schmerzhaft. Erfreulicher die Erinnerung, als Mitschüler der Friedensschule ihm Briefe schrieben, Bilder malten und in Gedanken bei ihm waren, auch wenn er zu diesem Zeitpunkt ihre Besuche schon nicht mehr wollte.

Als Lucián sprachlos, künstlich ernährt und vollgepumpt mit Medikamenten auf der Intensivstation lag, die Familie nun seinen Tod akzeptierte, wünschten wir, dass die Sterbephase nicht zu lange andauere. Dann verbesserte sich sein

Zustand, sodass er auf die Kinderonkologie verlegt werden konnte. Doch es gab keine Prognose, ob er in der nächsten Zeit sterben würde oder als schwerer Pflegefall in einem der wenigen Kinderhospize gepflegt werden müsse. Für die Familie war die Situation aufwühlend: Wir hatten uns mit Luciáns Tod bereits abgefunden, da stand die neue Entscheidung an, wie und wo er gepflegt werden sollte. Wir erwogen sogar eine häusliche Pflege durch die Familie, wovon uns Arzt und Sozialarbeiterin dringend abrieten. Und wieder kam leise der Wunsch auf, Lucián möge eine ans Bett gefesselte Zeit, fern der Familie, erspart bleiben.

An Luciáns Sterben denke ich mit Verbitterung. Es war ein Wochenende. Das Zweibettzimmer, in dem Lucián alleine lag, wurde benötigt, da die Station überbelegt war. So wurde er in ein Zimmer verlegt, in dem bereits stöhnend und jammernd ein Junge lag. Als nun die Nachtruhe begann, alle Besucher den Raum verlassen hatten, waren nur noch der stumme Lucián, der wimmernde Knabe, dessen Vater und ich in dem völlig überhitzten Zimmer. Da zog der Vater seine Turnschuhe aus, benutzte die Zimmertoilette und ließ auch auf Bitte der Schwester nicht zu, dass ich die Tür zum Stationsflur öffnete. Die junge Schwester versicherte mir auf meinen Protest hin, Lucián würde morgen früh in ein anderes Zimmer verlegt. Irgendwann drückte mir die verbrauchte Luft die Brust zu, ich fragte Lucián: „Kann ich gehen?" Er schüttelte den Kopf. Ich blieb, hielt ihm stumm die Hand und meinte zu ersticken. Nach einer Weile sagte ich ihm: „Ich gehe jetzt!" Er sah mich mit seinen großen, dunklen Augen traurig an. Und ich ging. In den frühen Morgenstunden starb Lucián. Seine herbeigerufene Mutter kam fünf Minuten zu spät. Noch heute wünsche ich mir, mein Abschied von Lucián wäre eindeutiger gewesen. Doch heute weiß ich auch, dass er sich von mir bewusst verabschiedet hatte.

Wir waren auf Luciáns Tod vorbereitet, haben ihn auch schmerzvoll akzeptiert. Doch da er unser alltägliches Leben entscheidend geprägt hatte, war der Verlust ständig spürbar. Für mich begann jetzt die Phase, in der ich mich fragte, wie z. B. der theologische Begriff vom „ewigen Leben“ oder die philosophische Formel vom „Sein im Tode“ für mich persönlich erfahrbar seien. Denn die Aussage, dass mit dem Tod alles vorbei sei, ist für mich zu platt und die Vorstellungen von Wiedergeburt sind eher ein Horrorgedanke. Hilfreich für die gedankliche Auseinandersetzung mit Luciáns Tod war und ist für mich die Philosophie des deutschen Idealismus, in der grundsätzlich die Grenze des menschlichen Erkennens aufgezeigt, die Fragen nach dem Sein und der menschlichen Existenz nicht ausgesperrt werden. Vernunft und Gefühl werden als gleichwertige Möglichkeiten der Wahrnehmung von Wirklichkeit betrachtet. Ich versuchte Rilkes Satz im 19. Sonett an Orpheus in mein theologisches und philosophisches Denken zu übersetzen: „... und was im Tod uns entfernt, ist nicht entschleiert.“ So lasse ich abends auf der Terrasse in der Cinque Terre den Tag bei einem Glas Wein mit Gedanken an Lucián ausklingen und weiß, dass er, wie ich ihn in meiner Erinnerung gegenwärtig erlebe, auch außerhalb von Raum und Zeit da ist. Seltsamerweise fällt es mir immer noch schwer, die Fotografie, die Lucián in meinem Arbeitszimmer zeigt, direkt auf meinem Schreibtisch stehen zu lassen. Ich kann mich nicht in sein Abbild vertiefen, Wehmut über den realen Verlust kommt dann wieder auf. Daher steht das Foto auf dem Bücherregal, neben seinen gemalten Bildern, die ich gerne betrachte, weil er mir in ihnen nahe ist, ohne selbst abgebildet zu sein. Auch überrascht mich immer noch tiefe Trauer, wenn ich plötzlich und unvermittelt an Lucián denke.

Lucián war im Leben der Familie integriert. So haben ihn unsere Freunde und die Öffentlichkeit wahrgenommen. Nach seinem Tod haben wir als Großeltern tiefe Anteilnahme erfahren, auch von Menschen, die uns nicht so nahestehen, eben weil sie wussten, wie viel Liebe wir Lucián entgegengebracht haben und wie viel Liebe wir von ihm erfahren hatten. Folglich erfuhren wir viel Empathie, die tröstete. Vor allem der offizielle Abschied von Lucián am offenen Sarg in einem individuell gestalteten Ritus und die Mitwirkung aller seiner Mitschüler haben uns Angehörigen vermittelt, dass geteiltes Leid leichter zu ertragen ist. Tröstlich und hilfreich für uns Großeltern war auch, dass unsere Tochter an dem Tod ihres Sohnes seelisch nicht zerbrach.

Ein Traum verbindet mich mit Lucián: Als ich einige Jahre nach seinem Tod Ostern alleine in Italien war, träumte ich, in meiner Sterbestunde sehe ich Lucián ohne fremde Hilfe und unbeschwert auf mich zukommen, hinter ihm steht meine Mutter mit ausgebreiteten Armen. Bisher habe ich diesen Traum nie wieder geträumt. Ich weiß nun, wenn ich sterbe, werde ich in dieses Bild hineinsterben.

Ich fühle, dass die Brücke da ist, wie eine Brücke über ein weites Meer. Es ist eine Brücke aus der Zeit heraus in etwas Unbeschreibliches hinein. Ich kenne den Weg. Jeder kennt den Weg. Nachts gehe ich manchmal auf der Brücke spazieren und wenn ich in der Mitte bin, schaue ich mich zu uns allen um. Dann drehe ich mich wieder um und setze mich hin und schaue in die andere Richtung. Ich schaue einfach nur und versuche zu spüren, wie es wohl sein wird. Und es ist hell.

Junge, 13 Jahre alt

Anstelle eines Nachworts

Wenn du für ein langes Leben nur kurz Zeit hast

Joel, 14 Jahre, lebensverkürzend erkrankt an Nemaliner Myopathie

Joel habe ich im Kinderhospiz Burgholz kennengelernt. In der Musiktherapie bewegen wir uns in Wellen. Wir entdecken Klänge, musizieren einzeln oder gemeinsam und sprechen dann über die Gefühle, die die Musik in uns ausgelöst hat. Manchmal sprechen wir gar nicht. Manchmal machen wir keine Musik. Jeder Tag und jedes Treffen ist anders. Joel hat mehrere Lieblingsklänge und -instrumente und spricht sehr ausführlich über seine Gefühle. Er hat eine lebensverkürzende Erkrankung, die „Nemaline Myopathie" heißt. Das ist eine Muskelschwäche, die den ganzen Körper betrifft. Es gibt viele Unterarten dieser Erkrankung und mit seiner Unterart wird man eigentlich nur um die zehn Jahre alt. Joel ist aber schon 14 und ich habe ihn gefragt, ob er für dieses Buch von seinem Leben erzählen möchte.

Ich war früher mit meiner Mutter bei einer Heilpraktikerin, die mir auch Globuli gegeben hat. Einmal sind wir danach am Burger King vorbeigefahren und da haben Kinder Fußball gespielt. An diese Situation kann ich mich sehr genau erinnern. Ich habe den Kindern zugesehen und meine Mutter gefragt, ob ich auch wieder laufen und Fußball spielen können werde. Und darauf hat sie mit „Nein" geantwortet. Das war schwer für mich. Ich habe dann gar nicht weitergefragt, sondern musste das erst verdauen. – Ich wusste ja auch schon relativ früh, dass ich anders bin als andere Kinder, so mit fünf Jahren. Da habe ich schon im Rollstuhl gesessen, vorher hatte ich eine Art Buggy. In dem integrativen Kindergarten, in dem ich war, ist mir das nicht so aufgefallen. Da waren auch behinderte Kinder, ich hatte meine Freunde und es war sehr schön. Aber im Alltag habe ich es eben sehr gemerkt. Heute komme ich gut damit klar.

Weil wir so oft in Krankenhäusern waren und ich operiert werden musste, habe ich nach und nach begriffen, dass mein Leben vermutlich insgesamt anders verlaufen wird als das von anderen Kindern. Irgendwann habe ich meine Mutter gefragt, wie lange ich eigentlich leben werde. Sie hat mir das gesagt, was die Ärzte damals wussten, nämlich, dass man mit meiner Art von Krankheit meistens so um die zehn Jahre alt wird. Das hat sich merkwürdig angefühlt zu erfahren, dass dein Arzt sagt, du wirst nur zehn Jahre alt. Du kannst das nicht glauben. Meine Mutter hat aber auch gleich gesagt, dass man nicht so genau weiß, ob das stimmt, und dass sie denkt, dass ich auch älter werden könnte.

Je älter ich werde, desto öfter frage ich die Ärzte einfach selbst, was sie denken, wie alt ich werde. Wenn ich ihnen vertraue – und das ist immer dann der Fall, wenn ich merke, dass sie mich ernst nehmen und ehrlich zu mir sind –, haben wir ab und zu gute Gespräche. Vor zwei Jahren habe ich mit einem Arzt gesprochen, der mittlerweile denkt, ich würde mindestens 18 Jahre alt. Aber er sagte auch sofort dazu, so genau könne er das nicht einschätzen. Es gebe halt verschiedene Verläufe bei dieser Krankheit und jeder Lebensweg sei unterschiedlich. Er hatte schon ein paar Patienten mit meiner Erkrankung und von denen sei ich auf jeden Fall der fitteste. Das Gespräch macht mir heute noch Mut. Ich spüre, dass meine Zeit jetzt noch nicht gekommen ist. Natürlich kann es sein, dass ich bei einer Operation sterbe oder wenn ich zusätzlich schwer krank werde. Aber das kann ja eigentlich jedem Menschen passieren.

Schwer ist, dass ich so oft ins Krankenhaus muss. Ich bin im Jahr so zwischen vier und sechs Mal im Krankenhaus. Also war ich schon mehr als 70 Mal im Krankenhaus mit meinen 14 Jahren. Meistens muss ich zur Kontrolle, aber ich bin auch schon mehrmals operiert worden. Im Krankenhaus ist es mir nicht geheuer. Die Atmosphäre dort gefällt mir nicht. Vor einer Operation weiß ich nie, wie es danach sein wird. Wie ich mich fühlen werde. Ob ich starke Schmerzen haben werde. Eine Operation ist ja auch immer ein Risiko. Vor der letzten Operation wusste ich: Ohne diese Operation kann ich vielleicht noch ein Jahr leben und mit ihr vielleicht noch drei oder vier Jahre oder länger. Meine Knochen im Brustkorb und an der Wirbelsäule mussten verstärkt werden, damit meine Organe Platz zum Wachsen haben. Bei mir stützen ja die Muskeln die Organe nicht ab. Ich wollte diese Operation, weil ich gespürt habe, dass ich sie schaffen kann. Meine Mutter hatte eher Angst. Aber sie hat mir die Entscheidung überlassen. – Und ich habe die Operation gut überstanden. Jetzt habe ich zwei Krankenhäuser, wo ich den Ärzten vertraue. Das in Dortmund, wo ich jetzt operiert worden bin. Den Ärzten dort vertraue ich für meine Knochen und meinen Körper. Und das Krankenhaus in Münster. Den Ärzten dort vertraue ich für meine Beatmung.

Mit sechs Jahren habe ich ein Tracheostoma bekommen, das ist eine operativ angelegte Öffnung der Luftröhre, an die das Beatmungsgerät angeschlossen wird. Ich habe großes Glück gehabt, dass ich nach dieser Operation wieder sprechen gelernt habe. Es gibt oft Menschen, die anschließend nicht mehr sprechen können. Ich bekomme auch heute noch jede Woche Logopädie, wo ich schlucken und sprechen übe. Aber ich kann mich flüssig unterhalten. Wenn das nicht möglich wäre, wäre es wirklich schwer.

Viel einfacher als im Krankenhaus ist es für mich im Kinderhospiz und am liebsten bin ich in Burgholz. Ich bin da so drei bis vier Mal im Jahr. Von meiner letzten großen Operation habe ich mich dort erholt, bis es mir wieder so gut ging, dass ich nach Hause konnte. Das Hospiz ist für mich Urlaub. Es bedeutet, vom Alltag abzuschalten und einfach mal alles loszulassen. Ich kann mich da entspannen und fühle mich gut aufgehoben. Manchmal treffe ich dort Kinder und Jugendliche, denen es ähnlich geht wie mir. Meine Mutter fühlt sich auch sehr wohl da. Sie kann sich mit anderen Eltern unterhalten und an Aktionen teilnehmen, die ihr Freude machen. Selbst meine ältere Schwester kommt mich gern besuchen. Die Menschen dort sind sehr nett und ich vertraue ihnen, was nicht immer so einfach ist.

Mein Alltag ist ein wenig anders als der Alltag gesunder Kinder. Vieles kann ich nicht alleine, weil ich ja im Rollstuhl sitze und beatmet werde. Meine Muskeln haben gar nicht mehr die Kraft für die meisten Alltagsbewegungen. Deshalb haben wir eine Art erweiterte Familie. Unser Pflegedienst wohnt quasi bei uns und hilft mir jeden Tag und jede Nacht. Gott sei Dank wechseln die Mitarbeiter nicht so oft. Die jetzigen kenne ich seit über vier Jahren und sie sind wirklich Familienmitglieder geworden. Ich habe sie lieb.

Normalerweise stehe ich um sechs Uhr auf, dann habe ich noch ein paar Minuten zum Wachwerden und dann hilft mir meine Mutter oder der Pflegedienst beim Waschen. Sie wechseln auch meine Verbände. Die Zähne putze ich mir selbst. Anschließend fahre ich mit dem Fahrdienst in die Schule. Meine Mutter macht mir immer Frühstück. In der Schule treffe ich meine Freunde und wir haben normalen Unterricht (Mathe, Englisch etc.). In meiner Klasse sind zwei Rollstuhlfahrer, ein paar Kinder mit ADHS und einige mit Autismus. Wir haben alle unsere Eigenheiten, aber verstehen uns insgesamt wirklich gut. Nachmittags mache ich zu Hause ein kleines Trainingsprogramm mit dem Motomit (Fahrradtrainer) und anschließend übe ich Spontanatmung – Atmen ohne Beatmungsgerät. Das ist anstrengend, aber in Ordnung für mich. Danach hilft mir noch der Cuff Assist (ein Gerät, das mich beim Abhusten unterstützt). Den Rest des Tages habe ich Freizeit. Ich zocke und gucke Fernsehen. Playstation spiele ich sehr gerne auch mit Freunden. Einer meiner besten Freunde ist im Moment nicht in der Schule, weil er auch operiert wurde. Mit dem kann ich immer online Playstation spielen und reden und ihn fragen, wie es ihm geht. Das Internet hilft echt in meiner Situation, auch WhatsApp und so. Ich kann ja nicht einfach mal irgendwohin fahren. Alles ist eine größere Aktion. Durch die Netzverbindung bin ich auch allein handlungsfähig. Ansonsten bin ich sehr großer Starwars-Fan, mag aber auch „Herr der Ringe“ und „Harry Potter“. Ich gehe sehr gern ins Kino. In der Woche endet mein Tag zwischen zehn und halb elf und an den Wochenenden eine Stunde später.

Ab und zu besuchen mich Freunde aus der Schule und montags jemand vom ambulanten Kinderhospizdienst „Sternentreppe“. Einmal in der Woche kommt eine Ehrenamtliche, die früher beim Kinderschutzbund war. Sie und die Frau von der „Sternentreppe“ sind schon Freunde unserer Familie. Dienstags und freitags kommt die Krankengymnastin und am Freitag auch die Logopädin. Jeden Sonntag kommt mein Vater, darauf freue ich mich immer besonders. Meine Familie und meine engsten Freunde sind mir überhaupt sehr wichtig. Sie sind alle auf ihre Art immer für mich da. Meine Mutter immer, sie ist auch immer mit mir im Krankenhaus und ohne sie wäre ich nicht so stark, wie ich bin. Sie baut mich immer wieder auf. Auch meine beiden

Väter, meine Omas und Opas, meine beiden Schwestern und auch mein Halbbruder sind mir nah.

Als ich erfahren habe, dass ich nicht lange leben werde, hatte ich schon Angst. Besonders das Gefühl, dass irgendwann schnell Schluss sein kann, z. B. durch eine Lungenentzündung, die gefährlich ist, wenn du beatmet wirst. Dieses Gefühl hat mir früher große Angst gemacht. Irgendwie habe ich mich mit der Zeit daran gewöhnt. Es ist halt so, dass es immer passieren kann. Am Anfang war es schwer, aber mit der Zeit wusste ich, das ist nur der Tod, und ich habe mich mehr damit auseinandergesetzt, was das eigentlich heißt. Meine Schwester hat mir früher immer abends mein Lieblingsbuch vorgelesen: „Die Brüder Löwenherz". Das hat mir in dieser ersten Zeit viel Kraft und Mut gegeben. Denn ich nehme das Buch sehr ernst und glaube auch an eine Art von „Nangijala". Meine Schwester hat mir dieses Buch vorgelesen und meine Mutter hat mir immer schon von Gott erzählt. Ich glaube an Gott. Die Ewigkeit und „Nangijala" sind ja eigentlich nur Bilder derselben Sache. Ich spüre, dass es weitergeht nach dem Tod, dass wir die Menschen, die wir lieben, auf irgendeine Art wiedersehen. Ich glaube, dass es diesen „Ort" gibt, wo es friedlich und harmonisch ist und wo man seine Behinderungen, das, was einem hier im Weg ist, los ist und in Ruhe irgendwie weiterleben kann.

Ich glaube an Gott, aber ich nehme die Bibel nicht wörtlich. Mir ist klar, dass die Welt aus dem Urknall entstanden ist, und ich glaube, dass man nicht in die Kirche muss, um zu beten. Beten kann ich auch hier in meinem Bett und eigentlich überall. Manche Dinge in der Kirche finde ich merkwürdig. Aber beim Glauben geht es ja eigentlich um die Liebe und die können wir überall leben. Wenn du für ein langes Leben nur kurz Zeit hast, dann guckst du, was am wichtigsten ist. Und am wichtigsten ist mir die Familie und die Liebe, die wir zueinander haben und auch zu meinen Freunden. Wir unterstützen uns gegenseitig so viel, wie wir können. Wir versuchen, immer freundlich miteinander zu sein, nicht zu viel Zeit mit Ärger zu verbringen oder mit Wut. – Ich weiß ja nicht, wie viel Zeit ich noch habe, und ich möchte diese Zeit genießen.

Das Leben bedeutet für mich auch Spaß und Freude und Liebe und Freundschaft. Ich bin mit mir sehr zufrieden, auch damit, wie die Umstände sind, und ich werde so bleiben, wie ich bin. Ich möchte nicht jemand anderes sein und wünsche mir kein anderes Leben. Ich habe dieses eine Leben. Mein Schicksal ist vielleicht schwer, aber ich kann damit wenigstens umgehen, es ist ein Teil von mir. Meine Behinderung, alles, das gehört einfach zu mir. Wenn ich mir das wegwünschen würde, wäre ich nicht der, der ich jetzt bin. Ich möchte das nicht eintauschen. Dann würde ein Teil fehlen. Wenn ich gesund wäre, würde ich die meisten meiner Freunde nicht kennen und ich hätte andere Gedanken und andere Träume und wäre ein anderer Mensch. Das wäre schade, denn ich bin gerne ich und ich kann mir das auch gar nicht vorstellen. Meine Familie ist manchmal traurig, aber dann versuche ich, sie aufzubauen. Wenn mir das gelingt, fühle ich mich glücklich. Oder wenn wir einfach friedlich sind und eine schöne Zeit miteinander verbringen.

Ein bisschen Angst habe ich vor dem Sterben. Vielleicht eher eine Art Respekt, weil ich nicht weiß, wie sich das Sterben anfühlt und was genau nach dem Sterben kommt. Ich hoffe, dass es schön wird, aber was wirklich kommt, kann ich nicht wissen, das ist so eine Art von Unerfahrenheit. Ich weiß, dass die Zeit irgendwann kommt, und das werde ich auch akzeptieren. Ich möchte auf jeden Fall zu Hause oder im Kinderhospiz sterben. Ich hoffe, dass ich einschlafe und selber mitentscheiden kann, wann. Ich glaube, man kann sich innerlich entscheiden, in einem gewissen Zeitraum, wann man geht. Diese Entscheidung gehört dazu, man muss sich an einem Punkt selber entscheiden.

Meine Beerdigung habe ich schon geplant. Ich hatte einmal eine Krankenschwester, die auch Bestatterin ist, das war vor drei Jahren und da haben wir den Stein ins Rollen gebracht. Wir haben uns zusammengesetzt und überlegt, was mir wichtig ist. Auf meiner Beerdigung sollen meine Lieblingslieder gespielt werden, z. B. aus dem Film „The Fast and the Furious 7" der Song „See you again" und ein paar Lieder von Unheilig. Die Auswahl der Songs verändere ich ab und zu, weil ich ja älter werde und mir nicht mehr das Gleiche gefällt. Außerdem sollen sich alle bunt anziehen. Es braucht keiner in Schwarz zu kommen. Es kann bunt sein und wir machen eine Party! Wir feiern mein Leben und alle lassen Luftballons mit Wunderkerzen in den Himmel hinein frei.

Ich möchte verbrannt werden. Meine Urne habe ich mir auch schon ausgesucht und ich habe mit meiner Mutter einen Deal, dass sie die gleiche nimmt. Ich kann mir vorstellen, verstreut zu werden, aber bis dahin bleib ich noch ein bisschen hier und werde noch viele Leute nerven.

Für mich selbst habe ich gelernt, dass es am wichtigsten ist, solange ich lebe, die Hoffnung nicht aufzugeben. Es mögen Tiefen kommen, auch heftige, aber es wird auch wieder besser werden. Wenn du das akzeptierst und dich akzeptierst und damit umgehst, dann kannst du leben. Akzeptieren heißt: Ja, ich habe diese Erkrankung, aber sie schränkt mich nicht wesentlich ein. Ich versuche trotzdem, alles so zu machen, dass ich nicht eingeschränkt bin, dass ich mich nicht eingeschränkt fühle.

Manchmal wundere ich mich über gesunde Menschen, die sich über die kleinsten Dinge in einer Weise aufregen können, dass sie ihnen so im Weg stehen, dass sie nicht glücklich sind. Dann frage ich mich, ob solche Menschen wirklich erwachsen sind, denn wenn man weiß, was im Leben wirklich wichtig ist, wird man doch automatisch toleranter gegenüber den kleinen Dingen. Aber das scheint nicht immer zu funktionieren.

Mein Lieblingsspruch ist: „Gib jedem Tag die Chance, der schönste deines Lebens zu sein." Genieße jeden Tag, den du hast. Du weißt nie, was passiert. Und wenn der Tod kommt, dann kannst du sagen: Ich habe mein Leben gelebt und mein Leben war schön. Und ich weiß zu 100 Prozent, dass ich das am Ende sagen kann!

Dank

Ich danke allen, die mir ihre Geschichten erzählt und mir erlaubt haben, dass ich sie weitererzähle:

Ute und Peter Forsbach, Anne Sophie, Juna, Erich und Heilecke Witschke, Limpo und ihrem Onkel aus Sambia, Kim Isecke, Sophie Schlüter, Jimena und den anderen Geschwisterkindern aus Peru, Christine N. und Hauke Brekenfeld, Andreas Süskow und Angelika Wrobbel, Elvi und Wolfgang Brügelmann, Joel Dralus und Britta Ackermann

Mit ihnen gemeinsam denke ich an:

Alexandra Forsbach
*23. 3. 1968 †10. 11. 1983

Lucián Witschke
*31. 8. 1996 †25. 1. 2009

Limpo (Sambia)
*1997 †2005

den Jungen, der in diesem Buch „Ben" heißt

Sarah Isecke
*16. 9. 2002 †17. 5. 2014

Lukas Schlüter
*13. 11. 1988 †23. 7. 2007

Frederik Brekenfeld
*12. 7. 2004 †12. 7. 2004

Sina Wrobbel
*26.6.1994 †4.10.2005

Sandra Brügelmann
*4.6.1994 †18.2.2016

Jimenas verstorbene Geschwister in Peru und an alle, deren Kurzzitate ich aufgeschrieben habe, ohne ihre Namen ausdrücklich zu nennen.

Herzlich danken möchte ich außerdem meinen Erst- und Korrekturleserinnen Christa Metzdorf, Monika Kalus und Stephanie Cramer, die mich ermutigt und mit Anregungen und Sachkenntnis unterstützt haben. Claudia Lueg vom Patmos Verlag danke ich für die freundliche Buchanfrage und wertschätzende Gespräche und Andrea Langenbacher für Verständnis, Geduld und Sprachgefühl.

Sabine Rachl

Hilfreiche Adressen

Unterstützung während der Krankheits- und Sterbephase

Wenn ein Kind lebensbedrohlich oder lebensverkürzend erkrankt, gibt es in Deutschland viele von den gesetzlichen Krankenkassen bezahlte Unterstützungsmöglichkeiten für die ganze betroffene Familie:

- Auf **Kinderpalliativstationen** werden lebensbedrohlich erkrankte Kinder medikamentös „eingestellt“ und die Mitarbeiter überlegen mit der ganzen Familie, wie und wo die Pflege des erkrankten Kindes am besten weitergehen kann.
- **Ambulante Kinderkrankenpflegedienste** übernehmen die Pflege der schwerkranken Kinder, wenn ärztlich verordnet, bis zu 24 Stunden am Tag ambulant, d. h. in der häuslichen Umgebung. Adressen von ambulanten Kinderkrankenpflegediensten finden Sie beim Bundesverband Häusliche Kinderkrankenpflege unter www.bhkev.de/bhk/mitgliedsdienste.html.
  Auf dieser Website bietet der Verband auch ausführliche Informationen zur Kinderkrankenpflege.
- **Ambulante Kinderhospizdienste** begleiten das schwerkranke Kind und seine Familie im häuslichen Bereich, übernehmen aber keine pflegerischen Tätigkeiten.
  Adressen von ambulanten Kinderhospizdiensten finden Sie deutschlandweit unter:
  www.deutscher-kinderhospizverein.de/ambulante-kinderhospizarbeit/

oder unter
www.wegweiser-hospiz-palliativmedizin.de

- In **Kinder- und Jugendhospizen** können sich die Eltern für eine begrenzte Zeit aus der Pflege herausnehmen, während die Kinder von erfahrenen Kinderkrankenschwestern und -pflegern betreut werden. Auf Wunsch kann das kranke Kind mit seiner Familie bis zu seinem Tod (und für kurze Zeit darüber hinaus) im Kinder- bzw. Jugendhospiz bleiben. Seelsorger/innen, Psycholog/innen und Pädagog/innen bieten Gesprächs- und Begleitungsangebote für Eltern und Geschwister an und wenn gewünscht auch Trauerbegleitung über den Tod des Kindes hinaus. Adressen von Kinderhospizen finden sich unter
www.bundesverband-kinderhospiz.de
oder
www.wegweiser-hospiz-palliativmedizin.de
- **SAPPV-Teams (Spezialisierte Ambulante Pädiatrische Palliative Versorgung)** betreuen lebensbedrohlich und lebenslimitierend erkrankte Kinder und Jugendliche von Diagnosestellung an durch alle „Stationen" bis zum Sterben hin, manchmal über Jahre.

Genauere Informationen liefert die Website www.betanet.de, eine gelungene Suchmaschine für Krankheit und Soziales.

Für betroffene Eltern kann es sich lohnen, sich über die sogenannte „Familienpflegezeit" zu informieren, innerhalb derer es möglich ist, die Arbeitszeit bis zu zwei Jahre zu reduzieren, um einen Angehörigen zu pflegen und während dieser Zeit gut unterstützt zu werden.

Die Broschüre „Bessere Vereinbarkeit von Familie, Pflege und Beruf“ zur Familienpflegezeit kann beim Bundesfamilienministerium kostenlos heruntergeladen werden: www.bmfsfj.de/bmfsfj/service/publikationen/bessere-vereinbarkeit-von-familie-pflege-und-beruf/76068 Außerdem haben das Bundesfamilienministerium (BMFSFJ) und das Bundesamt für Familie und zivilgesellschaftliche Aufgaben ein gemeinsames Servicetelefon Pflege eingerichtet, das unter der Nummer 030/20 17 91 31 zu erreichen ist (Montag bis Donnerstag, 9 bis 18 Uhr). Informationen zur Familienpflege finden sich zudem unter www.wege-zur-pflege.de

Unterstützung während der Sterbe- oder Trauerphase

Ich nenne hier die bundesweiten Unterstützungsangebote. Auf den jeweiligen Websites finden sich Links oder Ansprechpartner/innen für den je eigenen regionalen Raum. Alle Informationsanfragen sind kostenlos. Nicht nur unmittelbar Betroffene können anrufen und Fragen stellen, sondern auch entferntere Angehörige, Freunde oder Lehrerinnen und Lehrer.

AGUS e.V. – Angehörige um Suizid
Regionale Selbsthilfegruppen, Seminare etc.
www.agus-selbsthilfe.de
kontakt@agus-selbsthilfe.de
Telefon 09 21/1 50 03 80

ANUAS e.V. Hilfsorganisation für Angehörige von Mord-, Tötungs- und Vermisstenfällen
www.anuas.de
info@anuas.de
Telefon 030/25 04 51 51

Bundesverband Kinderhospiz
www.bundesverband-kinderhospiz.de
buero@bundesverband-kinderhospiz.de
Telefon 08 00/8 86 87 88

Bundesverband Trauerbegleitung BvT e.V.
Weitergabe von Informationen und regionalen Adressen
www.bv-trauerbegleitung.de
info@bv-trauerbegleitung.de
Telefon 0 55 41/7 19 49

Bundesverband Verwaiste Eltern in Deutschland e.V.
Begleitung/Gruppen für trauernde Geschwister, Eltern, Großeltern
www.veid.de
kontakt@veid.de
Telefon 03 41/9 46 88 84

Deutscher Hospiz- und Palliativverband
www.dhpv.de
info@dhpv.de/
Telefon 030/82 00 75 80
Auskünfte und ambulante/stationäre Adressen:
www.wegweiser-hospiz-palliativmedizin.de

Deutscher Kinderhospizverein e.V.
www.deutscher-kinderhospizverein.de
info@deutscher-kinderhospizverein.de
Telefon 0 27 61/94 12 90

GEPS Gemeinsame Elterninitiative Plötzlicher Säuglingstod Deutschland e.V.
www.geps.de
geps-deutschland@t-online.de
Telefon 05 11/8 38 62 02

Initiative Regenbogen Glücklose Schwangerschaft e.V.
Selbsthilfeinitiative für Eltern, die ihr Kind vor, während oder kurz nach der Geburt verloren haben, für betroffene Familien, Geschwister, Großeltern und Helfende
www.initiative-regenbogen.de
hgst@initiative-regenbogen.de
Telefon 0 50 51/5 09 32 68

Leben ohne Dich e.V.
Website von Eltern, die ihr Kind verloren haben, Forum und regelmäßige persönliche Treffen
www.leben-ohne-dich.de
info@lebenohnedich.de
Telefon 02 08/42 88 09

Initiative Tabu Suizid e.V.
www.tabusuizid.de
tabusuizid@arcor.de

Nicolaidis Stiftung gemeinnützige GmbH
Hilfe für verwitwete Mütter und Väter und deren Kinder
www.nicolaidis-stiftung.de
info@nicolaidis-stiftung.de
Telefon 089/74 36 32 02

onko-kids-online
Informationen und Kommunikationsangebote für krebskranke Kinder und Jugendliche
www.onkokids.de

www.youngwings.de
Online-Forum für Kinder und Jugendliche im Alter von 12 bis 21 Jahren. Es gibt die Möglichkeit, mit anderen trauernden Jugendlichen zu chatten oder sich von professionellen Berater/innen begleiten zu lassen. Die Nicolaidis-Stiftung hat dieses Forum zusammen mit Kindern und Jugendlichen, die ein Geschwisterkind oder ein Elternteil verloren haben, entwickelt.

www.klartext-trauer.de
Chatroom und Sorgentelefon für Jugendliche und junge Erwachsene zum Thema Sterben, Tod und Trauer. Ein Angebot vom Balthasar Kinder- und Jugendhospiz Olpe.

Schmetterlingskinder
Forum für Eltern von sehr früh oder in der Schwangerschaft (auch bei Schwangerschaftsabbrüchen) verstorbenen Kindern
www.schmetterlingskinder.de

Sternenkinder
Selbsthilfe für trauernde Familien nach dem Tod von Kindern in der Schwangerschaft
www.sternenkinder.de

T.A.B.U. – Trauer, Abschied, Begleitung, Unterstützung
www.tabu-team.de
tabu-team@online.de
Telefon 02 01/32 87 77 oder 02 01/32 72 57

Weitere empfehlenswerte Links und Veranstaltungen

www.christine-brekenfeld.de
Spirituelle Begleitung und Psychotherapie

www.trauerleben-wendland.com
Angelika Wrobbel und Andreas Süskow planen Abschiedsfeiern, besonders von verstorbenen Kindern und Jugendlichen; Trauerbegleitung, Vorträge, Musik und Kabarett zum Thema

www.siento-stiftung.de
Mein Informationsnetzwerk für Hoffnungs-, Sterbe- und Trauerunterstützung, Sommerakademie, Vorträge und Workshops zum Thema, Sterbe- und Trauerbegleitung

www.leben-sterben-feiern.de
Lebenswissen zum Tod – Tagungsfestival zum Thema (alle zwei Jahre im September/Oktober) für persönlich wie beruflich interessierte Erwachsene, Kinder und Jugendliche. Das Tagungsfestival verknüpft Fachvorträge, Workshops und selbst mitgebrachte Themen der Teilnehmenden sowie

kulturelle Veranstaltungen und Musik und lässt die Teilnehmer/innen eine „neue" Begegnungs- und Ritualkultur miteinander erleben: eine Kultur der Selbstermächtigung, Eigenverantwortung und Gemeinschaftlichkeit.

www.leben-und-tod.de
Fachkongress (jährlich im April/Mai) mit Workshops, Vorträgen und Messe mit Ausstellern aus den Bereichen Bestattungskultur, Literatur, Trauerbegleitung, Hospiz, Musik, Abschiedsformen etc.

www.dein-sternenkind.eu
Professionelle Fotografinnen und Fotografen machen einfühlsame und würdevolle Bilder von Babys, die tot zur Welt gekommen sind oder nicht lange leben werden. Weil das Schaffen und Sammeln von greifbaren Erinnerungen für einen liebevollen Abschied so wichtig ist. Die Fotografinnen und Fotografen arbeiten ehrenamtlich für dieses Projekt.

Literaturauswahl

Für Eltern, Freunde und Verwandte

- Mechthild Ritter: Wenn ein Kind stirbt. Hilfe und Orientierung für Eltern, Geschwister und Begleitende, Gütersloh 2011.
- Hildegard Bargenda/Kerstin Lammer/Jens Terjung (Hg.): Kostbare Zeit – Was Eltern erleben, wenn ihr Kind stirbt. Elterninterviews, Praxisberichte und eine wissenschaftliche Reflexion von Kerstin Lammer. Göttingen 2013.

- Mechthild Schroeter-Rupieper: Für immer anders. Das Hausbuch für Familien in Zeiten der Trauer und des Abschieds, Ostfildern [3]2016.

Kinder- und Jugendbücher

- Astrid Lindgren, Die Brüder Löwenherz. Hamburg 1985.
- Marit Kaldhol/Wenche Oeyen, Abschied von Rune, München 1987.
  Abschiednehmen von Rune muss Sara, Runes beste Freundin, denn Rune ist beim gemeinsamen Spiel am Wasser ertrunken. Ein solch einschneidendes, schmerzhaftes Erlebnis wird hier für Kinder ab fünf Jahre mit aller Deutlichkeit und dabei doch auch mit großer Behutsamkeit dargestellt. Mithilfe ihrer Mutter kommt Sara über den Verlust hinweg. Das Buch erhielt den Deutschen Literaturpreis 1988.
- Gudrun Mebs, Birgit. Eine Geschichte vom Sterben, Aarau u.a. 1991.
  Birgits kleine Schwester erzählt von Birgits Tod. Sehr einfühlsam.
- Wolf Erlbruch: Ente, Tod und Tulpe, München 2007.
  Irgendwann stellt jedes Kind die Frage nach dem Tod. Ganz unbefangen. Alle Eltern wissen das und haben selten eine unbefangene Antwort parat. In Wolf Erlbruchs Buch ist der Tod ein leichtfüßiger Begleiter, schon immer da, man merkt es nur nicht: Schon länger hatte die Ente so ein Gefühl. »Wer bist du und was schleichst du hinter mir her?« »Schön, dass du mich endlich bemerkst«, sagte der Tod. »Ich bin der Tod.« Die Ente erschrak. Das konnte man ihr nicht übel nehmen. »Und jetzt kommst du mich holen?« »Ich bin schon in deiner Nähe, so lange du lebst nur für den Fall.« »Für den Fall?« fragte die Ente. »Na, falls dir etwas zustößt. Ein schlimmer Schnupfen, ein Unfall, man weiß nie.« ... Man weiß nie, aber man weiß, dass in Wolf Erlbruchs poetischen Bildern und Geschichten die großen Fragen einfache Antworten finden: für Kleine und Große.

- Heike Saalfrank/Eva Goede: Abschied von der kleinen Raupe, Würzburg 2010.
  Eine liebevoll und poetisch erzählte und gemalte Geschichte um Miteinander und Trennung, Freude und Trauer, die den Tod als Beginn eines anderen Lebens zeichnet. Für Kinder ab 3 Jahren.
- John Green: Das Schicksal ist ein mieser Verräter, Berlin 2012.
  „Krebsbücher sind doof", sagt die 16-jährige Hazel, die selbst Krebs hat. Sie will auf gar keinen Fall bemitleidet werden und kann mit Selbsthilfegruppen nichts anfangen. Bis sie in einer Gruppe auf den intelligenten, gutaussehenden und umwerfend schlagfertigen Gus trifft. Der geht offensiv mit seiner Krankheit um. Hazel und Gus diskutieren Bücher, hören Musik, sehen Filme und verlieben sich ineinander – trotz ihrer Handicaps und Unerfahrenheit. Gus macht Hazels großen Traum wahr: Gemeinsam fliegen sie nach Amsterdam, um dort Peter Van Houten zu treffen, den Autor von Hazels absolutem Lieblingsbuch. Ein tiefgründiges, emotionales und zugleich freches Jugendbuch über Krankheit, Liebe und Tod.
- Sabine Rachl: Tavias Reise. Unterwegs in den Zeitlostraum, Köln 2014, als Hörbuch 2015.
  Als das neunjährige Oktopusmädchen Tavia entdeckt, dass bunte Knubbel auf ihren Fangarmen wachsen, verändert sich ihr Leben schlagartig. In der Meeresklinik erklärt ihr Dr. Schwertfisch, dass sie die Krankheit „Buntämie" hat, die mit der Sonnenstrahltherapie behandelt werden muss. Als Tavia trotz allem immer schwächer wird, beginnt sie, sich mit dem Sterben auseinanderzusetzen. Wie soll sie sich auf den Tod vorbereiten, wenn sie gar nicht weiß, wie Sterben geht? Weil sie diese wichtige Frage niemandem stellen kann, macht sie sich heimlich auf die Reise durch den Ozean. Dabei trifft sie verschiedene Meeresbewohner wie die Riesenmuschel Tridacna, einen Schwarm Möwen, Leuchtquallen, den großen Mantarochen und sogar den ehrwürdigen

Ältestenrat der Kraken. Alle erzählen von ihren Erfahrungen und dem, was sie über das Sterben wissen. So schwinden mit jeder Begegnung Tavias Ängste, und schließlich ist sie sich sicher: „Sterben kann jeder – also kann ich das auch!" Als Tavia daraufhin wieder zu ihrer Familie zurückkehrt, begleiten Mama, Papa, und ihr Bruder Tavo sie auf dem letzten Abschnitt ihrer Reise in den Zeitlostraum.

- Stefanie Wiegel, Für immer in meinem Herzen. Das Trauer- und Erinnerungsalbum für Kinder, Ostfildern ^{6}2016.
  In diesem Buch finden Kinder Antworten auf ihre Fragen zum Thema (Wann ist ein Mensch tot? Was passiert bei einer Beerdigung?) und viele kindgerechte Anregungen, sich mit dem Tod auseinanderzusetzen. Gleichzeitig können sie ihre Erinnerungen an den Verstorbenen sammeln, denn das Buch bietet Platz, Bilder einzukleben oder zu malen oder auch Briefe an den Toten zu schreiben. Dies alles nimmt den Kindern ihre Ängste und hilft ihnen, den Tod eines nahestehenden Menschen besser zu verstehen und zu verarbeiten.

Wenn Kinder während der Schwangerschaft, vor und während der Geburt oder in der ersten Lebenszeit sterben

- Julie Fritsch/Ilse Sherokee: Unendlich ist der Schmerz… Eltern trauern um ihr Kind, München 1995.
  Ihren Schmerz über den Tod ihres neugeborenen Sohnes konnte die Autorin bewältigen, indem sie Lehmskulpturen modellierte und ihre Gedanken und Gefühle niederschrieb.
- Hannah Lohtrop: Gute Hoffnung, jähes Ende: Fehlgeburt, Totgeburt und Verluste in der frühen Lebenszeit. Begleitung und neue Hoffnung für Eltern. Vollständig überarbeitete Neuausgabe München 2016.
  Begleitet Eltern einfühlsam auf ihrem Weg durch die Trauer.